中国农村政策与改革
统计年报

（2021年）

农业农村部政策与改革司 编

中国农业出版社
农村读物出版社
北京

编写委员会

主　编：赵鲲

副主编：赵长保　王　平　王　宾　刘　涛　刘光明
　　　　余　葵　张海阳

参　编：杨　霞　李二超　胡顺平　杨凯波　崔　琳
　　　　李沣恒　吕明阳　李晓辰　种　聪
　　　　石　慧(北京)　李　浩(天津)　　安世芳(河北)
　　　　邢　星(山西)　郝　宇(内蒙古)　金　迪(辽宁)
　　　　雷雅淇(吉林)　兰彦堃(黑龙江)　张　礌(上海)
　　　　韩欣池(江苏)　李振航(浙江)　　岳甫华(安徽)
　　　　何玲玲(福建)　彭宇鸿(江西)　　焦晓翠(山东)
　　　　陶俊宇(河南)　左　军(湖北)　　刘胜轩(湖南)
　　　　许安燕(广东)　林　波(广西)　　范旸昊(海南)
　　　　周清泉(重庆)　何　苗(四川)　　薛宝贵(贵州)
　　　　杨　明(云南)　王海慧(西藏)　　杨佩娜(陕西)
　　　　李际鹏(甘肃)　黎增存(青海)　　王　霞(宁夏)
　　　　刘　慧(新疆)

编 者 说 明

政策与改革统计报表制度由国家统计局批准执行，是国家农业农村经济社会统计制度的重要组成部分。《中国农村政策与改革统计年报（2021年）》根据政策与改革统计报表制度调查数据汇总、编辑而成。

本资料包括两部分。第一部分系统收录了全国和各省（自治区、直辖市）2021年农村政策与改革各项数据，包括农村经济基本情况、农村土地承包经营及管理情况、村集体经济组织收益分配情况、农村集体经济组织资产负债情况、农村集体产权制度改革情况、农村集体经济财务会计管理和审计情况、农村产权流转交易情况等。第二部分收录了2021年农村政策与改革情况统计分析报告。为方便读者参考，本书最后一部分附有主要统计指标解释。本书中所有统计数据未收录港、澳、台地区数据。

本资料可为各级党委政府、有关部门和有关科研教学单位及专家学者了解农村集体经济发展情况、农村集体产权制度、农村土地承包制度等改革情况提供参考。

在本书编写出版过程中，农业农村部农村经济研究中心的金文成、张雯丽、吴天龙、史鹏飞同志给予了大力支持，谨此一并致以谢忱！

2022 年 7 月

目　　录

CHAPTER 1 | 第一篇

2021年农村政策与改革统计数据

第一篇

表1 农村经济基本情况统计表

指标名称	代码	计量单位	数量	占总比（%）	比上年增长（%）
一、基层组织					
（一）汇总乡镇数	1	个	36 390	—	−0.2
（二）汇总村数	2	个	535 813	—	−4.3
（三）汇总村民小组数	3	个	4 525 068	—	−0.6
二、农户及人口情况					
（一）汇总农户数	4	万户	27 256.6	—	0.0
（二）汇总人口数	5	万人	101 355.7	—	−0.1
三、汇总劳动力数	**6**	**万人**	**57 636.1**	**100.0**	**0.4**
（一）从事家庭经营劳动力数	7	万人	29 833.9	51.8	−1.5
其中：从事第一产业劳动力数	8	万人	20 531.5	35.6	−0.9
（二）外出务工劳动力数	9	万人	27 491.2	47.7	2.7
其中：常年外出务工劳动力数	10	万人	22 892.0	39.7	4.3
1. 乡外县内务工劳动力数	11	万人	8 054.9	14.0	5.7
2. 县外省内务工劳动力数	12	万人	6 845.3	11.9	4.6
3. 省外务工劳动力数	13	万人	7 991.8	13.9	2.7
四、集体所有的农用地总面积①	**14**	**万亩**②	**590 729.6**	**100.0**	**—**
（一）耕地面积	15	万亩	177 487.9	30.0	—
其中：未承包到户耕地面积	16	万亩	21 746.6		

① "集体所有的农用地总面积"相关数据采用2017年全国农村集体资产清产核资数据结果。

② 亩为非法定计量单位，15亩＝1公顷＝10 000平方米。——编者注

（续）

指标名称	代码	计量单位	数量	占总比(%)	比上年增长(%)
（二）园地面积	17	万亩	10 632.6	1.8	—
其中：未承包到户园地面积	18	万亩	3 934.3	—	—
（三）林地面积	19	万亩	216 739.0	36.7	—
其中：未承包到户林地面积	20	万亩	81 214.7	—	—
（四）草地面积	21	万亩	157 755.5	26.7	—
其中：未承包到户草地面积	22	万亩	42 948.3	—	—
（五）养殖水面（坑塘水面）面积	23	万亩	6 300.0	1.1	—
其中：未承包到户养殖水面（坑塘水面）面积	24	万亩	4 718.3	—	—
（六）农田水利设施用地（沟渠）面积	25	万亩	5 688.1	1.0	—
（七）其他农用地面积	26	万亩	16 126.5	2.7	—
五、农户经营耕地规模情况					
（一）经营耕地10亩以下的农户数	27	万户	23 227.7	74.8	0.2
其中：未经营耕地的农户数	28	万户	3 783.9	12.2	18.1
（二）经营耕地10～30亩的农户数	29	万户	2 883.9	9.3	−1.1
（三）经营耕地30～50亩的农户数	30	万户	692.4	2.2	−1.1
（四）经营耕地50～100亩的农户数	31	万户	293.4	0.9	0.6
（五）经营耕地100～200亩的农户数	32	万户	109.2	0.4	−0.2
（六）经营耕地200亩以上的农户数	33	万户	50.0	0.2	−1.1

表1-1 各地区农村经济基本情况统计表

地区	汇总乡镇数（个）	汇总村数（个）	汇总村民小组数（个）	汇总农户数（万户）	汇总人口数（万人）
全 国	36 390	535 813	4 525 068	27 256.6	101 355.7
北 京	193	3 992	10 195	135.2	317.1
天 津	154	3 624	14 415	138.1	407.7
河 北	2 123	49 728	204 085	1 567.8	5 957.8
山 西	1 267	23 521	65 778	824.8	2 473.4
内 蒙 古	827	11 180	58 146	512.1	1 444.1
辽 宁	1 122	12 274	88 847	642.5	2 154.9
吉 林	739	9 367	61 653	416.0	1 455.4
黑 龙 江	919	8 992	57 242	537.7	1 769.4
上 海	127	1 671	22 113	118.1	332.9
江 苏	1 202	16 930	254 450	1 443.3	5 369.8
浙 江	1 322	23 109	303 147	1 219.3	3 756.2
安 徽	1 410	16 125	290 685	1 448.3	5 769.2
福 建	1 073	15 205	158 464	786.3	3 173.4
江 西	1 538	17 459	190 660	899.0	3 814.3
山 东	1 772	63 650	291 319	2 408.5	7 892.8
河 南	2 376	49 056	396 966	2 225.8	9 232.2
湖 北	1 176	23 806	193 867	1 070.9	4 265.9
湖 南	1 841	26 181	429 561	1 568.9	5 843.5
广 东	1 479	21 951	233 316	1 501.2	6 687.7
广 西	1 195	15 119	255 915	1 096.7	4 640.4
海 南	1 089	2 748	25 125	87.8	433.0
重 庆	956	9 198	74 778	729.9	2 273.5
四 川	2 970	29 517	227 401	2 039.2	6 781.1
贵 州	1 415	16 333	160 504	909.3	3 870.5
云 南	1 414	13 715	168 696	1 062.5	4 038.7
西 藏	691	2 157	3 597	24.0	107.0
陕 西	1 297	17 824	126 528	803.1	2 901.4
甘 肃	1 266	16 086	94 290	504.5	2 100.6
青 海	375	4 127	16 124	95.4	411.5
宁 夏	206	2 238	14 373	128.8	455.2
新 疆	856	8 930	32 828	311.5	1 224.9

（续）

地区	汇总劳动力数（万人）	从事家庭经营劳动力数（万人）	从事第一产业劳动力数（万人）	外出务工劳动力数（万人）
全　国	57 636.1	29 833.9	20 531.5	27 491.2
北　京	182.9	40.6	19.3	56.4
天　津	212.0	122.7	69.1	71.5
河　北	3 062.7	1 901.4	1 288.4	1 104.8
山　西	1 261.2	764.7	532.1	529.8
内蒙古	894.6	516.7	413.2	317.8
辽　宁	1 189.4	760.0	541.6	427.4
吉　林	802.1	511.3	397.8	317.1
黑龙江	978.5	501.2	401.9	479.9
上　海	182.1	31.2	7.9	80.0
江　苏	2 726.1	1 043.9	634.4	1 448.6
浙　江	2 426.6	1 128.4	514.9	862.8
安　徽	3 313.3	1 553.8	1 042.9	1 905.9
福　建	1 819.9	928.9	543.8	812.5
江　西	2 079.3	1 000.2	633.5	1 130.9
山　东	4 449.2	2 418.2	1 605.2	1 813.9
河　南	5 575.1	2 659.6	1 866.4	2 771.9
湖　北	2 302.3	1 228.8	794.3	1 214.2
湖　南	3 219.5	1 663.1	1 156.7	1 799.8
广　东	3 717.8	1 728.1	1 017.6	1 549.0
广　西	2 744.4	1 557.6	1 201.8	1 270.2
海　南	199.8	151.9	117.5	74.2
重　庆	1 442.2	583.1	445.3	869.1
四　川	4 186.4	2 047.7	1 545.3	2 334.7
贵　州	2 207.2	1 198.6	852.8	1 187.1
云　南	2 496.5	1 571.4	1 289.7	999.7
西　藏	62.0	37.0	28.0	13.0
陕　西	1 643.7	871.1	593.0	878.7
甘　肃	1 124.7	677.3	509.3	521.6
青　海	243.5	138.6	100.8	110.2
宁　夏	252.7	134.0	98.2	118.8
新　疆	638.2	362.6	268.8	419.9

（续）

地区	常年外出务工劳动力数（万人）	乡外县内务工劳动力数（万人）	县外省内务工劳动力数（万人）	省外务工劳动力数（万人）
全　国	22 892.0	8 054.9	6 845.3	7 991.8
北　京	39.9	24.3	14.7	1.0
天　津	50.4	37.4	9.9	3.1
河　北	809.9	423.1	229.1	157.7
山　西	446.2	239.9	130.1	76.3
内　蒙古	267.1	122.7	94.0	50.4
辽　宁	341.0	164.9	124.8	51.3
吉　林	258.9	100.2	88.4	70.3
黑　龙江	401.0	114.2	128.2	158.6
上　海	61.7	39.7	19.6	2.3
江　苏	1 160.3	528.7	427.8	203.7
浙　江	672.0	356.9	193.1	122.1
安　徽	1 636.3	397.0	404.5	834.9
福　建	683.3	267.0	238.2	178.0
江　西	997.8	253.5	211.5	532.7
山　东	1 351.9	722.3	398.5	231.1
河　南	2 316.8	716.3	674.3	926.2
湖　北	1 100.5	253.8	312.2	534.5
湖　南	1 540.4	414.6	393.3	732.6
广　东	1 224.9	487.3	637.8	99.9
广　西	1 055.6	250.5	272.2	532.9
海　南	53.3	25.3	20.0	8.0
重　庆	763.7	200.4	218.6	344.7
四　川	2 018.2	517.0	585.2	916.0
贵　州	1 070.5	290.7	228.1	551.7
云　南	846.4	308.6	262.6	275.2
西　藏	8.0	4.0	4.0	0.0
陕　西	739.0	308.6	237.4	193.1
甘　肃	435.0	151.7	131.5	151.8
青　海	97.9	47.7	33.5	16.7
宁　夏	93.7	53.0	28.9	11.9
新　疆	350.3	233.8	93.0	23.4

(续)

地区	集体所有的农用地总面积（万亩）	耕地面积（万亩）	未承包到户耕地面积（万亩）	园地面积（万亩）
全国	590 729.6	177 487.9	21 746.6	10 632.6
北京	1 675.0	304.8	66.0	153.9
天津	857.5	560.3	118.5	34.5
河北	19 366.2	9 315.8	772.8	1 038.5
山西	14 771.1	6 023.0	923.8	357.7
内蒙古	120 314.6	11 899.0	1 532.7	135.7
辽宁	14 281.1	6 325.0	788.6	465.3
吉林	14 531.5	9 427.1	2 016.7	70.4
黑龙江	16 700.8	13 929.9	3 104.8	16.7
上海	348.3	271.9	94.7	1.1
江苏	8 355.8	6 298.5	838.3	283.0
浙江	9 475.4	2 104.9	445.7	464.8
安徽	14 879.0	8 252.9	340.7	418.0
福建	14 743.9	1 781.3	236.2	804.2
江西	19 042.5	4 021.8	302.9	231.6
山东	14 101.7	10 445.3	1 397.2	554.0
河南	17 455.4	11 711.7	543.9	134.4
湖北	19 795.5	6 737.3	607.5	361.3
湖南	26 805.5	6 103.8	451.1	696.5
广东	17 683.9	3 435.8	849.0	497.2
广西	24 820.9	5 829.3	861.9	730.8
海南	2 089.4	811.4	225.9	348.9
重庆	10 076.5	3 555.6	80.7	287.0
四川	47 076.4	9 459.4	535.4	611.3
贵州	18 185.0	6 220.2	204.3	208.7
云南	44 836.0	11 345.2	1 216.8	880.6
西藏	15 932.8	513.8	55.6	2.0
陕西	20 293.4	6 222.3	597.2	383.4
甘肃	22 773.7	7 327.3	722.9	220.4
青海	7 846.5	869.3	61.2	3.6
宁夏	4 120.4	1 768.6	112.1	21.7
新疆	7 493.9	4 615.6	1 641.2	215.4

（续）

地区	未承包到户园地面积（万亩）	林地面积（万亩）	未承包到户林地面积（万亩）	草地面积（万亩）
全　　国	3 934.3	216 739.0	81 214.7	157 755.5
北　　京	59.4	1 047.8	851.2	70.2
天　　津	11.6	65.3	52.0	5.3
河　　北	260.2	5 633.5	3 351.8	2 418.4
山　　西	156.2	5 614.3	3 418.9	1 962.4
内　蒙　古	25.2	10 831.7	2 280.0	94 048.2
辽　　宁	107.4	6 276.9	2 175.9	679.1
吉　　林	38.9	3 733.5	1 987.7	733.3
黑　龙　江	9.6	1 039.9	767.4	686.1
上　　海	0.8	3.1	2.2	0.0
江　　苏	131.8	252.4	182.8	11.4
浙　　江	144.9	6 420.9	2 680.4	30.4
安　　徽	67.9	4 860.1	1 242.0	36.5
福　　建	446.9	11 419.0	6 298.8	216.9
江　　西	102.8	13 720.3	3 195.2	235.9
山　　东	328.3	1 341.6	1 106.5	182.6
河　　南	37.6	4 485.2	1 273.6	244.7
湖　　北	139.6	11 277.6	3 184.0	147.7
湖　　南	155.0	18 106.3	4 086.5	332.9
广　　东	294.9	12 596.3	8 029.3	35.6
广　　西	385.7	16 896.4	5 827.9	585.3
海　　南	209.1	807.6	274.5	9.4
重　　庆	34.5	5 501.0	444.2	313.5
四　　川	159.4	16 535.4	7 030.8	19 160.7
贵　　州	22.1	10 083.0	2 554.2	837.5
云　　南	413.5	26 519.7	12 844.5	4 888.0
西　　藏	1.9	2 110.3	1 695.1	13 205.0
陕　　西	77.7	11 831.1	2 343.5	1 599.1
甘　　肃	35.5	3 966.7	421.5	10 490.6
青　　海	2.6	2 563.4	1 176.5	1 600.0
宁　　夏	5.3	782.2	93.5	1 348.8
新　　疆	67.9	416.7	342.5	1 639.9

（续）

地区	未承包到户草地面积（万亩）	养殖水面（坑塘水面）面积（万亩）	未承包到户养殖水面（坑塘水面）面积（万亩）	农田水利设施用地（沟渠）面积（万亩）
全　国	42 948.3	6 300.0	4 718.3	5 688.1
北　京	66.8	9.0	4.8	12.2
天　津	4.0	75.5	59.4	78.9
河　北	1 847.3	114.7	90.7	227.7
山　西	1 562.2	8.9	7.5	91.7
内蒙古	15 162.8	137.4	74.7	281.9
辽　宁	273.6	172.0	134.9	127.9
吉　林	634.9	125.2	99.6	111.4
黑龙江	527.4	240.2	203.4	83.5
上　海	0.0	9.3	8.6	15.9
江　苏	9.2	672.4	506.0	535.9
浙　江	18.8	222.7	157.5	85.6
安　徽	18.5	690.8	531.6	383.0
福　建	161.1	110.2	93.2	99.0
江　西	181.6	408.6	307.1	206.9
山　东	153.1	304.4	272.1	399.2
河　南	161.0	264.3	181.8	252.9
湖　北	67.8	680.9	486.4	286.4
湖　南	154.3	622.4	341.2	441.7
广　东	30.6	612.4	506.7	73.5
广　西	373.3	176.9	142.4	209.5
海　南	6.9	29.1	26.2	6.2
重　庆	70.2	31.9	17.8	49.7
四　川	11 206.2	224.4	142.6	207.2
贵　州	330.2	78.1	70.4	170.9
云　南	1 598.6	191.4	185.1	364.7
西　藏	5 524.7	1.3	1.2	25.4
陕　西	641.2	21.1	15.3	61.6
甘　肃	993.2	7.1	4.0	128.7
青　海	32.0	26.3	22.0	228.1
宁　夏	380.9	9.3	6.6	64.7
新　疆	766.0	21.9	17.4	376.0

（续）

地区	其他农用地面积（万亩）	经营耕地10亩以下的农户数（万户）	未经营耕地的农户数（万户）	经营耕地10～30亩的农户数（万户）
全　国	16 126.5	23 227.7	3 783.9	2 883.9
北　京	77.1	131.8	85.2	2.9
天　津	37.8	130.2	48.7	6.4
河　北	617.5	1 365.6	61.7	160.3
山　西	713.1	642.4	114.9	137.4
内蒙古	2 980.7	227.8	77.3	152.9
辽　宁	234.8	461.5	78.8	146.9
吉　林	330.6	168.5	54.7	144.9
黑龙江	704.4	225.9	144.8	124.4
上　海	47.0	117.3	64.1	0.3
江　苏	302.3	1 341.9	338.1	74.4
浙　江	146.1	1 200.0	523.8	12.0
安　徽	237.8	1 145.9	223.7	218.6
福　建	313.3	758.8	112.4	19.9
江　西	217.4	799.3	164.1	71.1
山　东	874.6	2 175.2	331.2	190.5
河　南	362.1	1 959.1	223.1	210.0
湖　北	304.3	888.4	120.8	150.1
湖　南	501.9	1 448.1	159.5	83.2
广　东	433.1	1 438.2	253.9	48.2
广　西	392.7	988.3	46.7	90.0
海　南	76.8	75.0	6.5	10.4
重　庆	337.9	683.4	81.7	39.8
四　川	878.1	1 919.1	150.2	96.1
贵　州	586.5	740.7	79.9	146.7
云　南	646.4	836.7	69.7	171.2
西　藏	75.0	17.0	4.0	6.0
陕　西	174.8	672.7	54.4	99.5
甘　肃	633.0	339.3	25.3	132.3
青　海	2 555.7	70.4	15.1	21.5
宁　夏	125.1	80.4	23.6	31.5
新　疆	208.5	178.8	46.0	84.2

（续）

地区	经营耕地 30～50亩 的农户数 （万户）	经营耕地 50～100亩 的农户数 （万户）	经营耕地 100～200亩 的农户数 （万户）	经营耕地 200亩以上 的农户数 （万户）
全　国	**692.4**	**293.4**	**109.2**	**50.0**
北　京	0.3	0.2	0.1	0.0
天　津	0.9	0.2	0.1	0.2
河　北	25.8	9.5	4.2	2.4
山　西	33.7	9.4	1.6	0.3
内蒙古	74.9	39.7	13.2	3.6
辽　宁	25.1	6.6	1.7	0.7
吉　林	60.4	29.0	9.7	3.5
黑龙江	82.8	60.2	30.0	14.5
上　海	0.1	0.1	0.3	0.1
江　苏	14.4	6.4	3.6	2.6
浙　江	1.8	3.2	1.7	0.5
安　徽	51.9	19.7	7.3	4.9
福　建	4.2	1.5	0.4	1.7
江　西	17.6	6.8	2.8	1.4
山　东	27.3	10.0	3.6	1.8
河　南	37.3	12.4	4.7	2.3
湖　北	24.5	6.0	1.4	0.5
湖　南	21.1	9.2	4.7	2.5
广　东	9.6	3.4	1.1	0.7
广　西	14.0	3.3	0.8	0.3
海　南	1.8	0.5	0.1	0.0
重　庆	5.0	1.0	0.4	0.3
四　川	16.6	4.7	1.9	0.7
贵　州	16.8	4.1	0.7	0.2
云　南	37.5	13.9	2.5	0.7
西　藏	1.0	0.0	0.0	0.0
陕　西	20.6	7.3	2.6	0.3
甘　肃	24.7	6.7	1.1	0.4
青　海	2.4	0.4	0.4	0.2
宁　夏	11.4	4.2	1.1	0.2
新　疆	26.8	13.8	5.2	2.7

表2 农村土地承包经营及管理情况统计表

指标名称	代码	计量单位	数量	比上年增长（%）
一、耕地承包情况				
（一）家庭承包经营的耕地面积	1	亩	1 574 659 398	0.8
（二）家庭承包经营的农户数	2	户	220 873 379	0.2
（三）家庭承包合同份数	3	份	215 847 295	−0.3
（四）颁发土地承包经营权证份数	4	份	210 440 867	0.2
（五）机动地面积	5	亩	77 315 800	0.9
二、土地承包经营权转让、互换情况				
（一）土地承包经营权转让面积	6	亩	14 273 980	5.0
（二）土地承包经营权互换面积	7	亩	15 314 243	−18.5
三、家庭承包耕地土地经营权流转情况				
（一）家庭承包耕地土地经营权流转总面积	8	亩	556 978 588	4.7
1. 出租（转包）面积	9	亩	493 676 469	3.9
其中：出租给本乡镇以外人口或单位的面积	10	亩	68 485 929	27.2
2. 入股面积	11	亩	30 183 759	3.1
其中：耕地入股合作社的面积	12	亩	18 224 945	7.0
3. 其他形式流转面积	13	亩	33 118 360	18.5
（二）家庭承包耕地土地经营权流转去向				
1. 流转入农户的面积	14	亩	268 869 587	8.1
2. 流转入家庭农场的面积	15	亩	78 648 258	10.4
3. 流转入专业合作社的面积	16	亩	113 945 767	−0.5
4. 流转入企业的面积	17	亩	56 405 072	1.5
5. 流转入其他主体的面积	18	亩	39 109 904	−6.9
（三）流转用于种植粮食作物的面积	19	亩	323 601 668	3.3
（四）流转出承包耕地的农户数	20	户	75 865 619	—
（五）签订耕地流转合同份数	21	份	58 791 952	—
（六）签订流转合同的耕地流转面积	22	亩	385 618 661	—
（七）乡镇土地流转服务中心总数	23	个	22 931	2.8

（续）

指标名称	代码	计量单位	数量	比上年增长（%）
四、仲裁机构队伍情况				
（一）仲裁委员会数	24	个	2 595	5.6
其中：县级仲裁委员会数	25	个	2 478	2.1
（二）仲裁委员会人员数	26	人	51 283	19.1
其中：农民委员人数	27	人	13 273	20.4
（三）聘任仲裁员数	28	人	54 680	3.2
（四）仲裁委员会日常工作机构人数	29	人	16 454	7.1
其中：专职人员数	30	人	5 994	8.9
五、土地承包经营纠纷调处情况				
（一）受理土地承包及流转纠纷总量	31	件	178 171	−12.1
1. 土地承包纠纷数	32	件	111 170	−13.2
（1）家庭承包	33	件	103 914	−13.7
其中：涉及妇女承包权益的	34	件	8 079	−2.2
（2）其他方式承包	35	件	7 256	−4.5
2. 土地流转纠纷数	36	件	56 922	−8.9
（1）农户之间	37	件	40 705	−7.9
（2）农户与村组集体之间	38	件	7 660	−16.2
（3）农户与其他主体之间	39	件	8 557	−6.1
3. 其他纠纷数	40	件	10 079	−16.5
（二）调处纠纷总数	41	件	165 850	−8.3
其中：涉及妇女承包权益的	42	件	8 203	−9.7
1. 调解纠纷数	43	件	155 075	−9.0
（1）乡镇调解数	44	件	59 519	−16.8
（2）村民委员会调解数	45	件	95 556	−3.4
2. 仲裁纠纷数	46	件	10 775	3.1
（1）和解或调解数	47	件	8 764	3.6
（2）仲裁裁决数	48	件	2 011	1.3

表 2－1 各地区农村土地承包经营及管理情况统计表

地区	家庭承包经营的耕地面积（亩）	家庭承包经营的农户数（户）	家庭承包合同份数（份）	颁发土地承包经营权证份数（份）
全　国	**1 574 659 398**	**220 873 379**	**215 847 295**	**210 440 867**
北　京	4 161 278	883 787	1 087 559	645 729
天　津	4 014 585	677 907	651 124	642 811
河　北	82 481 607	13 373 597	13 060 833	12 804 849
山　西	52 009 708	5 485 954	5 327 414	5 177 862
内蒙古	101 944 065	3 713 250	3 535 903	3 288 120
辽　宁	54 184 168	5 664 070	5 526 551	5 119 074
吉　林	67 921 763	3 735 220	3 630 979	3 409 046
黑龙江	112 930 118	4 691 087	4 548 778	4 240 422
上　海	1 663 681	559 324	558 765	557 089
江　苏	53 702 735	11 890 210	11 478 791	10 969 568
浙　江	17 947 120	8 120 188	7 639 181	7 523 150
安　徽	83 982 945	12 581 034	12 394 203	12 320 085
福　建	15 949 925	5 025 693	4 948 506	4 864 212
江　西	36 679 811	7 332 977	6 904 516	6 880 649
山　东	92 683 126	18 326 227	17 923 726	17 357 005
河　南	110 816 968	19 755 392	18 845 462	18 374 625
湖　北	62 236 465	9 089 308	9 019 625	8 891 340
湖　南	52 730 501	12 917 190	12 596 545	12 546 078
广　东	34 727 562	10 974 680	10 964 090	10 964 471
广　西	48 953 708	9 331 040	9 122 497	8 934 747
海　南	7 549 748	966 949	966 949	955 167
重　庆	34 307 492	6 335 174	6 295 858	6 246 673
四　川	90 945 078	17 796 458	17 455 555	17 037 187
贵　州	65 355 650	7 830 096	7 764 171	7 525 508
云　南	111 429 606	9 018 312	9 137 746	8 883 908
陕　西	54 028 453	6 485 010	6 337 554	6 144 815
甘　肃	65 056 583	4 654 624	4 533 196	4 560 588
青　海	8 067 864	731 314	714 242	702 262
宁　夏	16 389 337	1 007 361	957 030	953 881
新　疆	29 807 747	1 919 946	1 919 946	1 919 946

（续）

地区	机动地面积 （亩）	土地承包经营权 转让面积 （亩）	土地承包经营权 互换面积 （亩）	家庭承包耕地 土地经营权 流转总面积 （亩）
全　国	**77 315 800**	**14 273 980**	**15 314 243**	**556 978 588**
北　京	60 992	42 567	3 418	2 673 569
天　津	174 157	8 937	6	2 000 899
河　北	2 890 030	1 528 859	868 911	27 000 611
山　西	5 473 177	186 966	303 058	8 075 406
内蒙古	2 899 526	396 392	658 784	39 896 968
辽　宁	2 630 811	568 193	895 008	17 624 928
吉　林	6 320 704	708 447	270 146	28 261 029
黑龙江	14 319 362	1 638 360	102 555	63 272 387
上　海	87 356	35 678	1 378	1 497 312
江　苏	1 051 145	967 433	424 098	33 682 192
浙　江	249 618	197 422	47 008	10 731 546
安　徽	438 099	871 093	1 456 576	37 845 691
福　建	157 455	136 627	234 527	5 113 973
江　西	560 932	299 154	366 340	17 138 129
山　东	2 157 143	478 325	1 348 162	43 567 609
河　南	1 432 041	706 009	2 034 111	35 192 284
湖　北	7 759 210	541 201	495 387	23 226 917
湖　南	1 661 866	1 416 725	1 344 291	24 090 735
广　东	606 466	465 385	603 889	18 612 813
广　西	182 831	397 845	941 962	10 136 823
海　南	87 174	13 924	1 663	292 062
重　庆	300 036	591 313	592 323	14 152 383
四　川	1 074 497	495 819	297 638	26 782 123
贵　州	653 297	231 515	60 654	10 941 714
云　南	2 147 390	442 883	475 856	12 741 149
陕　西	4 594 399	505 232	1 201 615	12 905 622
甘　肃	1 178 397	244 988	250 681	12 339 804
青　海	350 692	84 771	18 876	2 037 639
宁　夏	57 739	46 532	0	3 251 651
新　疆	15 760 256	25 382	15 323	11 892 618

（续）

地区	出租（转包）面积（亩）	出租给本乡镇以外人口或单位的面积（亩）	入股面积（亩）	耕地入股合作社的面积（亩）
全　国	**493 676 469**	**68 485 929**	**30 183 759**	**18 224 945**
北　京	2 649 164	277 942	24 405	13 181
天　津	1 942 202	607 201	34 248	27 937
河　北	22 800 558	1 518 986	1 518 665	455 129
山　西	7 265 238	797 163	227 563	135 078
内蒙古	39 472 139	2 550 882	277 298	113 974
辽　宁	15 302 406	1 346 578	894 840	632 460
吉　林	26 705 278	1 489 551	607 285	436 562
黑龙江	60 853 722	4 009 762	1 939 122	1 555 391
上　海	1 479 546	216 587	16 703	9 821
江　苏	28 706 816	7 132 628	3 254 071	2 402 729
浙　江	10 090 979	1 973 246	186 790	121 923
安　徽	32 659 612	5 689 045	1 269 413	802 558
福　建	4 470 582	388 271	123 628	77 122
江　西	15 055 419	3 407 308	754 125	467 916
山　东	39 075 016	3 671 322	2 462 048	1 930 660
河　南	33 754 824	5 878 132	1 400 817	791 192
湖　北	18 918 186	1 577 549	1 907 757	1 277 266
湖　南	19 860 406	2 345 771	2 220 723	1 269 448
广　东	13 561 575	1 301 376	2 284 259	419 346
广　西	8 557 743	1 780 240	183 013	67 723
海　南	253 952	95 430	13 794	12 606
重　庆	11 671 519	2 719 756	1 526 307	1 015 409
四　川	21 889 463	5 716 747	1 964 807	1 148 225
贵　州	7 275 580	2 053 011	2 652 511	1 905 662
云　南	11 000 081	2 542 628	403 817	277 335
陕　西	10 939 632	2 605 000	804 645	359 992
甘　肃	11 159 153	1 479 243	642 549	152 444
青　海	1 923 746	211 386	86 516	45 133
宁　夏	3 147 908	1 025 332	103 743	102 307
新　疆	11 234 025	2 077 853	398 298	198 418

(续)

地区	其他形式流转面积（亩）	流转入农户的面积（亩）	流转入家庭农场的面积（亩）	流转入专业合作社的面积（亩）
全　国	**33 118 360**	**268 869 587**	**78 648 258**	**113 945 767**
北　京	0	356 964	75 657	70 011
天　津	24 450	854 210	252 098	243 275
河　北	2 681 388	11 453 693	3 319 550	5 889 709
山　西	582 604	4 402 487	740 843	1 685 135
内蒙古	147 532	24 015 069	3 084 526	6 543 215
辽　宁	1 427 682	11 614 611	1 423 093	2 495 836
吉　林	948 466	19 197 685	2 628 890	4 897 677
黑龙江	479 543	43 696 798	10 516 737	7 876 625
上　海	1 063	269 640	322 627	457 644
江　苏	1 721 305	10 124 096	11 461 851	4 645 417
浙　江	453 777	5 956 768	1 376 597	1 711 737
安　徽	3 916 666	14 355 272	9 587 112	8 122 945
福　建	519 763	3 130 281	474 689	786 193
江　西	1 328 586	7 971 157	2 780 501	3 501 292
山　东	2 030 545	21 421 125	4 424 007	8 844 889
河　南	36 643	15 520 652	6 073 838	9 982 527
湖　北	2 400 975	10 233 237	2 308 102	6 331 179
湖　南	2 009 605	7 582 753	5 841 873	8 149 248
广　东	2 766 980	10 504 032	2 138 556	2 669 694
广　西	1 396 067	5 103 197	553 228	1 771 206
海　南	24 316	88 059	19 363	25 090
重　庆	954 557	5 152 211	1 032 785	3 196 606
四　川	2 927 852	9 760 628	3 533 450	6 847 944
贵　州	1 013 624	3 182 797	533 429	3 959 290
云　南	1 337 251	5 611 610	418 504	1 887 640
陕　西	1 161 346	5 559 757	1 517 368	3 050 300
甘　肃	538 102	4 141 558	936 384	4 508 129
青　海	27 378	583 422	215 859	943 134
宁　夏	0	653 013	213 839	1 050 559
新　疆	260 296	6 372 804	842 902	1 801 621

（续）

地区	流转入企业的面积（亩）	流转入其他主体的面积（亩）	流转用于种植粮食作物的面积（亩）	流转出承包耕地的农户数（户）
全　国	56 405 072	39 109 904	323 601 668	75 865 619
北　京	623 676	1 547 261	339 870	526 355
天　津	313 951	337 365	1 232 962	232 047
河　北	3 009 506	3 328 155	14 709 588	3 493 819
山　西	888 399	358 541	4 550 588	828 549
内蒙古	3 970 331	2 283 829	25 092 621	1 262 915
辽　宁	875 050	1 216 338	11 453 942	1 476 635
吉　林	296 223	1 240 554	23 778 919	1 273 384
黑龙江	525 155	657 072	58 879 441	2 512 029
上　海	161 687	285 714	773 457	499 235
江　苏	3 346 335	4 104 492	20 934 240	6 927 488
浙　江	870 751	815 694	4 809 315	4 100 297
安　徽	3 851 621	1 928 742	26 318 520	5 879 294
福　建	370 380	352 431	1 860 091	1 167 532
江　西	1 138 487	1 746 692	11 019 414	2 559 878
山　东	5 281 710	3 595 878	22 810 633	7 877 530
河　南	3 459 907	155 359	24 328 873	6 556 884
湖　北	2 005 947	2 348 453	12 066 515	3 019 500
湖　南	1 349 335	1 167 525	15 988 475	4 325 801
广　东	2 271 516	1 029 015	7 274 385	2 842 563
广　西	1 602 334	1 106 858	1 723 651	2 161 068
海　南	120 439	39 111	43 734	21 652
重　庆	3 590 947	1 179 834	4 883 587	2 771 882
四　川	4 014 035	2 626 067	8 020 118	5 587 833
贵　州	2 424 606	841 592	2 249 120	1 781 733
云　南	2 828 084	1 995 311	2 584 958	2 301 740
陕　西	1 839 936	938 261	2 730 912	1 199 300
甘　肃	2 119 092	634 640	4 556 706	1 437 834
青　海	162 852	132 371	958 239	263 952
宁　夏	1 245 796	88 446	1 598 690	389 851
新　疆	1 846 985	1 028 305	6 030 101	587 039

（续）

地区	签订耕地流转合同份数（份）	签订流转合同的耕地流转面积（亩）	乡镇土地流转服务中心总数（个）	仲裁委员会数（个）
全　国	**58 791 952**	**385 618 661**	**22 931**	**2 595**
北　京	651 172	1 757 165	0	13
天　津	54 072	1 952 607	154	10
河　北	3 436 813	19 492 717	1 720	167
山　西	648 431	3 970 349	1 022	112
内蒙古	978 047	21 992 670	212	83
辽　宁	1 249 094	11 838 307	496	76
吉　林	905 608	16 187 133	653	65
黑龙江	1 886 212	46 747 401	485	113
上　海	19 519	1 497 312	79	9
江　苏	5 801 079	27 674 366	1 089	74
浙　江	2 919 779	7 214 800	627	97
安　徽	4 508 584	28 546 471	1 141	131
福　建	637 039	2 224 030	740	94
江　西	1 958 623	13 190 464	1 459	95
山　东	5 998 312	30 212 850	1 328	103
河　南	4 992 020	24 627 071	1 413	149
湖　北	2 639 926	17 720 522	1 083	90
湖　南	3 830 816	16 683 870	1 317	120
广　东	1 208 265	11 107 978	1 372	111
广　西	1 185 341	5 083 494	349	107
海　南	14 204	81 550	74	22
重　庆	2 066 352	11 182 493	833	38
四　川	4 165 295	17 324 954	1 105	178
贵　州	1 573 475	6 352 576	1 249	90
云　南	2 082 417	9 617 415	306	128
陕　西	1 020 328	6 597 159	649	102
甘　肃	1 286 588	10 083 483	1 118	86
青　海	246 052	1 474 739	162	27
宁　夏	360 110	3 131 125	196	20
新　疆	468 379	10 051 589	500	85

（续）

地区	县级仲裁委员会数（个）	仲裁委员会人员数（人）	农民委员人数（人）	聘任仲裁员数（人）
全　国	**2 478**	**51 283**	**13 273**	**54 680**
北　京	13	248	48	326
天　津	10	132	14	272
河　北	166	2 889	519	3 890
山　西	112	2 227	526	2 449
内蒙古	78	1 599	1 037	1 429
辽　宁	74	1 408	205	1 896
吉　林	61	913	200	928
黑龙江	113	2 234	490	2 509
上　海	9	108	16	185
江　苏	69	1 215	216	1 488
浙　江	77	1 057	172	1 586
安　徽	102	2 416	857	2 398
福　建	68	1 114	202	1 392
江　西	94	1 473	95	2 272
山　东	103	1 831	306	2 117
河　南	147	2 687	551	3 663
湖　北	89	1 670	391	2 463
湖　南	113	1 990	452	2 521
广　东	111	1 801	272	2 774
广　西	103	1 764	362	1 529
海　南	20	366	42	498
重　庆	37	557	85	1 165
四　川	178	3 557	826	3 454
贵　州	88	5 972	3 063	2 027
云　南	128	2 302	283	2 936
陕　西	101	2 510	931	1 500
甘　肃	85	2 530	452	1 534
青　海	26	841	454	1 050
宁　夏	18	333	64	468
新　疆	85	1 539	142	1 961

（续）

地区	仲裁委员会日常工作机构人数（人）	专职人员数（人）	受理土地承包及流转纠纷总量（件）	土地承包纠纷数（件）
全 国	**16 454**	**5 994**	**178 171**	**111 170**
北 京	63	14	895	626
天 津	56	17	176	159
河 北	801	474	5 476	3 429
山 西	651	308	2 725	1 923
内 蒙 古	410	228	8 560	5 446
辽 宁	459	177	10 193	7 388
吉 林	354	164	8 086	4 266
黑 龙 江	649	225	4 948	2 352
上 海	47	5	187	106
江 苏	467	152	13 349	7 211
浙 江	258	67	1 477	1 054
安 徽	757	360	9 233	5 149
福 建	411	95	613	418
江 西	511	101	953	623
山 东	594	314	2 200	1 438
河 南	936	447	3 200	2 439
湖 北	586	252	9 275	5 995
湖 南	688	397	9 648	6 079
广 东	552	98	2 448	1 546
广 西	719	191	6 365	3 881
海 南	123	30	1 256	841
重 庆	230	83	14 587	8 250
四 川	1 062	304	19 912	12 486
贵 州	2 054	614	16 886	11 446
云 南	823	196	12 748	8 818
陕 西	770	223	6 570	3 799
甘 肃	596	210	3 869	2 225
青 海	217	26	303	258
宁 夏	99	42	968	827
新 疆	511	180	1 065	692

（续）

地区	家庭承包纠纷数（件）	涉及妇女承包权益的家庭承包纠纷数（件）	其他方式承包纠纷数（件）	土地流转纠纷数（件）
全　国	103 914	8 079	7 256	56 922
北　京	520	43	106	241
天　津	147	2	12	16
河　北	3 261	238	168	1 739
山　西	1 854	104	69	692
内蒙古	5 324	128	122	2 570
辽　宁	6 747	342	641	2 409
吉　林	3 674	215	592	3 336
黑龙江	2 137	169	215	2 385
上　海	106	40	0	81
江　苏	6 750	646	461	5 540
浙　江	990	65	64	356
安　徽	4 758	465	391	3 751
福　建	329	39	89	168
江　西	423	246	200	232
山　东	1 339	138	99	694
河　南	2 371	128	68	683
湖　北	5 782	495	213	2 922
湖　南	5 622	582	457	3 315
广　东	1 455	89	91	474
广　西	3 524	488	357	1 901
海　南	767	62	74	310
重　庆	7 857	1 004	393	5 416
四　川	11 726	930	760	6 470
贵　州	10 746	703	700	4 424
云　南	8 455	324	363	2 330
陕　西	3 357	255	442	2 528
甘　肃	2 190	79	35	1 442
青　海	252	11	6	45
宁　夏	818	5	9	102
新　疆	633	44	59	350

（续）

地区	农户之间土地流转纠纷数（件）	农户与村组集体之间土地流转纠纷数（件）	农户与其他主体之间土地流转纠纷数（件）	其他纠纷数（件）
全　国	**40 705**	**7 660**	**8 557**	**10 079**
北　京	79	143	19	28
天　津	13	0	3	1
河　北	1 262	311	166	308
山　西	486	139	67	110
内蒙古	2 375	136	59	544
辽　宁	1 989	369	51	396
吉　林	2 761	507	68	484
黑龙江	1 764	508	113	211
上　海	58	18	5	0
江　苏	3 918	975	647	598
浙　江	241	65	50	67
安　徽	2 280	345	1 126	333
福　建	123	8	37	27
江　西	169	29	34	98
山　东	454	136	104	68
河　南	536	77	70	78
湖　北	2 259	323	340	358
湖　南	2 508	399	408	254
广　东	333	51	90	428
广　西	1 333	313	255	583
海　南	195	25	90	105
重　庆	3 475	497	1 444	921
四　川	4 123	823	1 524	956
贵　州	3 187	578	659	1 016
云　南	1 863	194	273	1 600
陕　西	1 414	470	644	243
甘　肃	1 178	128	136	202
青　海	44	1	0	0
宁　夏	36	59	7	39
新　疆	249	33	68	23

（续）

地区	调处纠纷总数（件）	涉及妇女承包权益的调处纠纷数（件）	调解纠纷数（件）	乡镇调解数（件）
全　国	**165 850**	**8 203**	**155 075**	**59 519**
北　京	888	40	712	542
天　津	176	4	161	151
河　北	4 587	329	3 953	1 824
山　西	2 407	71	2 166	1 253
内蒙古	8 182	91	7 859	2 548
辽　宁	10 697	374	9 860	5 194
吉　林	7 246	290	6 568	2 622
黑龙江	4 786	148	4 128	2 059
上　海	187	40	166	117
江　苏	12 467	569	12 041	2 660
浙　江	1 634	179	1 325	479
安　徽	7 943	487	7 538	2 662
福　建	908	8	823	398
江　西	911	240	773	618
山　东	1 818	297	1 738	1 096
河　南	3 104	123	2 837	1 838
湖　北	8 809	166	8 384	4 663
湖　南	9 138	623	8 666	3 315
广　东	1 962	90	1 778	751
广　西	6 046	600	5 539	3 074
海　南	1 456	164	1 310	815
重　庆	14 262	924	13 806	3 555
四　川	18 928	881	18 022	4 950
贵　州	12 651	808	11 452	3 788
云　南	11 526	307	11 216	3 779
陕　西	6 332	215	6 055	2 189
甘　肃	4 340	67	3 984	1 400
青　海	523	11	480	207
宁　夏	914	5	862	393
新　疆	1 022	52	873	579

（续）

地区	村民委员会调解数（件）	仲裁纠纷数（份）	和解或调解数（件）	仲裁裁决数（件）
全　国	**95 556**	**10 775**	**8 764**	**2 011**
北　京	170	176	172	4
天　津	10	15	9	6
河　北	2 129	634	501	133
山　西	913	241	137	104
内蒙古	5 311	323	253	70
辽　宁	4 666	837	702	135
吉　林	3 946	678	445	233
黑龙江	2 069	658	359	299
上　海	49	21	11	10
江　苏	9 381	426	369	57
浙　江	846	309	223	86
安　徽	4 876	405	345	60
福　建	425	85	64	21
江　西	155	138	111	27
山　东	642	80	45	35
河　南	999	267	215	52
湖　北	3 721	425	331	94
湖　南	5 351	472	415	57
广　东	1 027	184	126	58
广　西	2 465	507	447	60
海　南	495	146	129	17
重　庆	10 251	456	390	66
四　川	13 072	906	829	77
贵　州	7 664	1 199	1 076	123
云　南	7 437	310	264	46
陕　西	3 866	277	239	38
甘　肃	2 584	356	336	20
青　海	273	43	38	5
宁　夏	469	52	52	0
新　疆	294	149	131	18

表3 村集体经济组织收益分配统计表

指标名称	代码	计量单位	数量	占总比（%）	比上年增长（%）
一、总收入	1	万元	66 849 141.6	100.0	5.8
（一）经营收入	2	万元	24 093 254.0	36.0	24.5
（二）发包及上交收入	3	万元	8 611 261.9	12.9	−8.9
（三）投资收益	4	万元	2 941 815.3	4.4	14.0
（四）补助收入	5	万元	16 147 078.6	24.2	−6.7
（五）其他收入	6	万元	15 055 731.8	22.5	3.9
二、总支出	7	万元	44 588 149.4	100.0	6.6
（一）经营支出	8	万元	9 930 642.2	22.3	21.1
（二）管理费用	9	万元	13 688 504.5	30.7	−0.7
其中：1. 干部报酬	10	万元	4 265 932.0	9.6	−5.5
2. 报刊费	11	万元	144 551.2	0.3	0.2
（三）其他支出	12	万元	20 969 002.7	47.0	5.7
三、本年收益	13	万元	22 260 992.3	—	4.1
四、年初未分配收益	14	万元	13 318 266.8	—	21.3
五、其他转入	15	万元	2 797 362.7	—	8.2
六、可分配收益	16	万元	38 376 621.8	—	9.8
（一）提取公积金、公益金	17	万元	8 099 250.4	21.1	2.8
（二）提取应付福利费	18	万元	3 860 683.6	10.1	2.4
（三）外来投资分利	19	万元	68 990.6	0.2	−8.0
（四）农户分配	20	万元	8 149 337.2	21.2	5.5
（五）其他分配	21	万元	1 170 702.4	3.1	6.2

（续）

指标名称	代码	计量单位	数量	占总比（%）	比上年增长（%）
七、年末未分配收益	**22**	万元	**17 027 657.6**	—	18.3
八、附报					
（一）汇入本表村数	23	个	547 075	100.0	1.3
1. 当年无经营收益的村	24	个	115 469	21.1	−4.8
2. 当年有经营收益的村	25	个	431 606	78.9	3.1
（1）5万元以下的村	26	个	107 610	19.7	−13.8
（2）5万~10万元的村	27	个	118 907	21.7	3.3
（3）10万~50万元的村	28	个	152 571	27.9	15.5
（4）50万~100万元的村	29	个	26 509	4.8	17.8
（5）100万元以上的村	30	个	26 009	4.8	8.0
（二）当年扩大再生产支出	31	万元	1 655 012.6	—	−31.6
（三）当年公益性基础设施建设投入	32	万元	7 981 268.7	—	−15.5
其中：各级财政投入	33	万元	5 064 177.9	—	−16.3
获得一事一议奖补资金	34	万元	722 847.0	—	−20.9
（四）当年村组织支付的公共服务费用	35	万元	2 875 181.8	—	12.4
（五）农村集体建设用地出租出让宗数	36	宗	818 772.0	—	—
（六）农村集体建设用地出租出让面积	37	亩	4 794 559.3	—	—
（七）农村集体建设用地出租出让收入	38	万元	4 685 375.8	—	—

表 3－1 各地区村集体经济组织收益分配统计表

地区	总收入 （万元）	经营收入 （万元）	发包及 上交收入 （万元）	投资收益 （万元）
全　国	**66 849 141.6**	**24 093 254.0**	**8 611 261.9**	**2 941 815.3**
北　京	4 466 781.4	3 328 440.5	112 345.2	261 183.8
天　津	571 403.3	183 844.7	139 044.7	33 762.7
河　北	2 238 533.4	524 276.6	423 006.7	45 723.5
山　西	1 837 754.8	560 108.7	241 715.3	56 543.7
内蒙古	577 638.4	98 898.3	84 202.3	24 366.6
辽　宁	517 363.4	61 193.0	160 830.3	27 860.5
吉　林	390 610.7	31 864.0	146 753.3	8 449.8
黑龙江	680 808.8	82 413.0	319 738.1	3 308.4
上　海	1 463 746.6	835 369.5	43 910.4	106 081.2
江　苏	5 369 912.4	1 649 380.3	708 440.9	455 104.2
浙　江	7 064 264.1	3 493 551.9	384 848.9	530 967.5
安　徽	1 628 173.4	340 317.7	127 615.8	57 438.0
福　建	1 801 387.0	448 733.1	127 022.3	57 975.5
江　西	1 352 782.7	297 070.9	82 057.8	13 763.0
山　东	6 568 318.3	2 093 179.0	1 232 542.0	195 857.2
河　南	2 664 280.6	712 749.7	347 785.2	108 767.7
湖　北	2 698 377.1	454 524.7	235 767.9	62 983.2
湖　南	3 151 612.9	264 339.0	87 872.7	29 853.5
广　东	13 504 459.9	6 955 283.5	2 496 675.2	473 290.8
广　西	432 826.3	115 246.2	68 650.7	75 553.8
海　南	281 680.9	51 271.1	41 710.0	4 690.5
重　庆	571 484.5	143 408.8	26 875.6	19 038.9
四　川	1 403 425.7	200 462.5	115 528.6	28 901.5
贵　州	1 323 873.9	393 564.9	16 749.8	31 070.4
云　南	1 641 513.6	261 213.5	292 390.6	42 643.9
西　藏	54 736.2	29 804.8	1 282.4	877.6
陕　西	1 019 936.8	257 261.3	124 532.5	58 982.7
甘　肃	451 361.2	78 836.6	31 606.6	69 017.0
青　海	191 852.1	22 155.3	9 860.6	37 686.6
宁　夏	184 968.5	51 402.2	8 747.1	14 085.7
新　疆	743 272.4	73 088.1	371 152.4	5 985.8

（续）

地区	补助收入 （万元）	其他收入 （万元）	总支出 （万元）	经营支出 （万元）
全　　国	16 147 078.6	15 055 731.8	44 588 149.4	9 930 642.2
北　　京	235 998.9	528 813.0	4 403 534.2	3 122 530.8
天　　津	80 528.5	134 222.7	503 746.5	89 486.5
河　　北	448 995.4	796 531.2	1 858 390.6	346 463.7
山　　西	409 066.1	570 320.9	1 500 492.6	415 224.0
内　蒙　古	160 659.0	209 512.3	447 082.6	64 345.6
辽　　宁	147 645.3	119 833.6	500 736.6	28 038.7
吉　　林	135 306.6	68 237.0	344 835.3	20 285.4
黑　龙　江	142 553.5	132 795.8	612 431.2	67 530.1
上　　海	215 818.0	262 567.6	1 017 888.1	347 183.3
江　　苏	1 668 595.5	888 391.6	3 976 297.1	318 263.9
浙　　江	1 925 137.1	729 758.8	2 928 991.0	555 152.5
安　　徽	719 096.0	383 705.8	1 170 929.4	155 791.3
福　　建	929 458.7	238 197.5	1 469 606.5	114 910.8
江　　西	601 212.4	358 678.7	1 126 571.1	107 949.3
山　　东	1 056 501.1	1 990 239.0	5 073 451.8	1 166 518.3
河　　南	803 405.8	691 572.3	2 218 778.0	406 251.6
湖　　北	1 034 701.1	910 400.2	2 033 702.1	227 328.1
湖　　南	2 301 364.7	468 183.1	2 757 435.8	115 689.8
广　　东	923 218.1	2 655 992.3	5 203 116.8	1 506 270.5
广　　西	93 931.9	79 443.8	211 919.4	58 073.2
海　　南	115 756.6	68 252.6	190 157.8	12 409.2
重　　庆	192 989.9	189 171.3	435 916.3	78 953.8
四　　川	558 883.2	499 650.0	1 047 979.2	85 502.3
贵　　州	135 531.6	746 957.3	420 426.6	192 309.4
云　　南	460 833.3	584 432.3	1 305 444.7	86 440.0
西　　藏	2 194.2	20 577.3	29 070.8	14 665.3
陕　　西	215 976.5	363 183.7	562 516.9	105 502.7
甘　　肃	157 854.3	114 046.7	357 426.6	30 195.0
青　　海	63 298.0	58 851.5	101 361.1	5 845.6
宁　　夏	84 598.5	26 135.0	143 240.1	28 838.1
新　　疆	125 969.1	167 076.9	634 672.3	56 693.4

（续）

地区	管理费用（万元）	干部报酬（万元）	报刊费（万元）	其他支出（万元）
全　　国	**13 688 504. 5**	**4 265 932. 0**	**144 551. 2**	**20 969 002. 7**
北　　京	1 102 228. 3	0. 0	0. 0	178 775. 1
天　　津	154 684. 7	34 425. 3	713. 4	259 575. 3
河　　北	426 468. 3	70 747. 1	10 628. 0	1 085 458. 6
山　　西	353 944. 1	111 040. 6	8 091. 5	731 324. 4
内　蒙　古	149 557. 4	45 527. 7	996. 6	233 179. 6
辽　　宁	227 178. 4	81 804. 8	2 495. 6	245 519. 5
吉　　林	127 166. 1	66 219. 5	790. 3	197 383. 8
黑　龙　江	131 500. 3	65 955. 4	1 141. 7	413 400. 9
上　　海	233 339. 2	41 049. 1	226. 1	437 365. 6
江　　苏	1 327 967. 4	743 987. 9	16 973. 8	2 330 065. 7
浙　　江	1 303 543. 0	341 032. 0	9 680. 4	1 070 295. 5
安　　徽	339 309. 4	139 301. 5	2 012. 3	675 828. 7
福　　建	484 693. 4	189 601. 3	9 700. 7	870 002. 3
江　　西	467 896. 4	193 883. 8	7 341. 1	550 725. 4
山　　东	1 222 246. 3	407 536. 3	11 997. 2	2 684 687. 2
河　　南	618 602. 5	211 160. 5	7 721. 5	1 193 923. 9
湖　　北	473 227. 1	265 298. 6	5 630. 4	1 333 146. 8
湖　　南	660 893. 5	268 219. 8	3 386. 3	1 980 852. 5
广　　东	2 128 811. 6	366 922. 2	13 301. 7	1 568 034. 7
广　　西	78 172. 4	29 820. 2	946. 6	75 673. 8
海　　南	52 483. 3	4 114. 0	247. 6	125 265. 3
重　　庆	133 294. 5	57 546. 0	2 075. 6	223 668. 1
四　　川	352 258. 9	182 453. 5	8 178. 1	610 218. 1
贵　　州	100 889. 9	55 052. 5	1 422. 3	127 227. 4
云　　南	404 164. 0	92 402. 0	3 273. 4	814 840. 7
西　　藏	4 616. 4	776. 7	53. 6	9 789. 2
陕　　西	116 287. 6	56 663. 8	4 531. 2	340 726. 6
甘　　肃	150 336. 9	36 554. 6	1 321. 5	176 894. 7
青　　海	55 833. 5	18 992. 7	485. 0	39 682. 0
宁　　夏	48 798. 5	34 592. 6	345. 6	65 603. 5
新　　疆	258 111. 0	53 249. 8	8 841. 9	319 867. 9

（续）

地区	本年收益 （万元）	年初未分配收益 （万元）	其他转入 （万元）	可分配收益 （万元）
全　国	**22 260 992.3**	**13 318 266.8**	**2 797 362.7**	**38 376 621.8**
北　京	63 247.2	−1 765 529.0	434 189.7	−1 268 092.1
天　津	67 656.8	62 299.6	11 133.1	141 089.5
河　北	380 142.8	158 817.9	109 815.6	648 776.3
山　西	337 262.2	4 031.8	55 996.6	397 290.6
内蒙古	130 555.8	164 321.7	38 468.9	333 346.3
辽　宁	16 626.8	−812 024.4	11 313.5	−784 084.2
吉　林	45 775.4	31 294.2	−191.8	76 877.9
黑龙江	68 377.5	−39 249.7	37 594.4	66 722.3
上　海	445 858.6	1 032 646.9	18 004.4	1 496 509.8
江　苏	1 393 615.3	668 644.1	309 730.7	2 371 990.1
浙　江	4 135 273.1	1 615 943.8	264 732.1	6 015 949.0
安　徽	457 244.0	843 563.1	35 171.6	1 335 978.7
福　建	331 780.5	419 187.8	119 268.6	870 236.9
江　西	226 211.6	425 620.9	93 130.2	744 962.7
山　东	1 494 866.5	681 089.0	306 846.5	2 482 802.0
河　南	445 502.6	749 632.3	147 885.4	1 343 020.3
湖　北	664 675.0	474 286.6	55 338.7	1 194 300.3
湖　南	394 177.0	757 720.0	92 832.6	1 244 729.6
广　东	8 301 343.1	2 613 183.6	385 884.7	11 300 411.5
广　西	220 906.9	197 880.9	15 440.7	434 228.6
海　南	91 523.1	230 737.5	1 192.8	323 453.5
重　庆	135 568.2	307 361.1	6 748.6	449 677.9
四　川	355 446.5	559 236.3	50 701.4	965 384.2
贵　州	903 447.2	119 586.9	15 887.3	1 038 921.4
云　南	336 068.9	1 230 566.4	104 348.0	1 670 983.3
西　藏	25 665.4	42 224.7	77.8	67 967.9
陕　西	457 419.9	834 153.8	17 239.6	1 308 813.3
甘　肃	93 934.6	317 879.8	10 572.6	422 386.9
青　海	90 491.0	87 281.1	21 506.5	199 278.6
宁　夏	41 728.4	85 200.1	904.3	127 832.8
新　疆	108 600.0	1 220 678.2	25 597.4	1 354 875.7

（续）

地区	提取公积金、公益金（万元）	提取应付福利费（万元）	外来投资分利（万元）	农户分配（万元）
全　　国	**8 099 250.4**	**3 860 683.6**	**68 990.6**	**8 149 337.2**
北　　京	146 485.7	922.2	2 476.3	504 748.4
天　　津	8 232.9	38 699.4	0.0	7 739.1
河　　北	310 385.4	61 983.5	3 743.9	62 925.3
山　　西	224 229.6	89 454.6	222.0	64 711.3
内 蒙 古	71 947.1	3 099.6	83.6	12 431.1
辽　　宁	79 805.5	11 341.9	224.5	9 294.3
吉　　林	28 252.6	826.1	0.0	854.4
黑 龙 江	77 397.7	3 712.1	117.8	4 748.1
上　　海	81 671.1	21 965.4	1 617.7	128 887.7
江　　苏	1 092 357.1	143 371.6	154.9	290 164.2
浙　　江	1 673 150.7	1 283 710.0	839.3	903 042.6
安　　徽	85 752.7	17 675.4	1 752.9	27 436.1
福　　建	192 309.0	161 008.4	931.8	46 778.0
江　　西	74 584.9	7 406.4	901.4	16 215.2
山　　东	1 018 570.0	362 518.7	1 831.9	250 683.7
河　　南	246 616.6	92 843.7	3 163.7	81 166.5
湖　　北	469 077.7	22 347.2	4 284.8	46 901.9
湖　　南	146 550.6	3 119.3	569.9	16 440.6
广　　东	1 209 248.8	1 469 600.9	39 285.5	5 139 859.0
广　　西	37 169.8	5 170.6	685.9	45 678.0
海　　南	4 600.5	395.8	297.4	2 844.7
重　　庆	70 371.8	10 196.6	1 110.3	29 456.4
四　　川	179 261.4	12 314.0	1 205.1	52 308.5
贵　　州	31 345.4	3 201.9	1 284.9	56 160.7
云　　南	259 513.3	13 468.2	278.3	150 292.5
西　　藏	71.8	82.2	31.2	3 849.7
陕　　西	58 479.6	8 656.3	1 147.9	166 043.9
甘　　肃	11 426.2	1 345.6	257.7	8 852.8
青　　海	63 446.3	3 426.1	120.0	10 905.2
宁　　夏	13 697.2	173.7	2.1	1 543.0
新　　疆	133 241.5	6 645.7	367.9	6 374.5

（续）

地区	其他分配 （万元）	年末未分配收益 （万元）	汇入本表村数 （个）
全　国	**1 170 702.4**	**17 027 657.6**	**547 075**
北　京	36 478.9	−1 959 203.6	3 992
天　津	27.6	86 390.6	3 624
河　北	37 089.6	172 648.7	46 669
山　西	20 224.1	−1 551.0	26 121
内蒙古	12 752.2	233 032.8	11 175
辽　宁	4 144.5	− 888 895.0	12 273
吉　林	6 282.7	40 662.2	9 276
黑龙江	6 837.8	−26 091.1	8 991
上　海	40 289.7	1 222 078.2	1 671
江　苏	88 006.8	757 935.5	16 994
浙　江	52 009.2	2 103 197.2	23 218
安　徽	23 508.8	1 179 852.8	16 125
福　建	13 413.1	455 796.6	15 229
江　西	13 192.0	632 662.9	17 045
山　东	105 023.7	744 174.0	81 438
河　南	23 084.3	896 145.5	48 923
湖　北	35 973.3	615 715.4	23 802
湖　南	16 415.3	1 061 633.9	26 193
广　东	456 687.0	2 985 730.2	21 418
广　西	18 787.2	326 737.0	14 254
海　南	−2 377.9	317 693.1	1 630
重　庆	4 593.8	333 948.9	9 185
四　川	37 735.3	682 559.9	28 894
贵　州	33 188.5	913 740.0	15 637
云　南	51 739.7	1 195 691.3	13 715
西　藏	171.4	63 761.2	541
陕　西	30 698.2	1 043 787.4	17 824
甘　肃	1 965.8	398 538.7	16 054
青　海	−1 077.7	122 458.7	3 996
宁　夏	600.4	111 816.5	2 238
新　疆	3 237.0	1 205 009.1	8 930

（续）

地区	当年无经营收益的村 （个）	当年有经营收益的村 （个）	当年经营收益5万元以下的村 （个）
全 国	**115 469**	**431 606**	**107 610**
北 京	1 806	2 186	341
天 津	2 079	1 545	433
河 北	9 021	37 648	17 513
山 西	9 815	16 306	5 018
内蒙古	4 391	6 784	1 727
辽 宁	4 036	8 237	2 044
吉 林	2 627	6 649	914
黑龙江	2 957	6 034	762
上 海	263	1 408	76
江 苏	4 680	12 314	878
浙 江	4 762	18 456	1 390
安 徽	170	15 955	510
福 建	8 254	6 975	1 109
江 西	91	16 954	916
山 东	10 700	70 738	11 695
河 南	10 503	38 420	13 813
湖 北	884	22 918	1 660
湖 南	1 287	24 906	5 181
广 东	12 675	8 743	1 388
广 西	905	13 349	1 427
海 南	976	654	382
重 庆	1 197	7 988	2 800
四 川	5 890	23 004	16 448
贵 州	4 824	10 813	2 827
云 南	3 408	10 307	1 774
西 藏	242	299	133
陕 西	335	17 489	6 858
甘 肃	2 927	13 127	5 652
青 海	947	3 049	630
宁 夏	163	2 075	200
新 疆	2 654	6 276	1 111

（续）

地区	当年经营收益 5 万~10 万元 的村 （个）	当年经营收益 10 万~50 万元 的村 （个）	当年经营收益 50 万~100 万元 的村 （个）	当年经营收益 100 万元以上 的村 （个）
全　　国	118 907	152 571	26 509	26 009
北　　京	149	672	304	720
天　　津	203	472	130	307
河　　北	10 631	7 183	1 317	1 004
山　　西	4 295	5 640	770	583
内　蒙　古	2 090	2 392	355	220
辽　　宁	3 554	2 138	306	195
吉　　林	2 101	2 986	485	163
黑　龙　江	863	3 167	848	394
上　　海	52	335	187	758
江　　苏	842	4 951	2 711	2 932
浙　　江	1 676	7 242	2 700	5 448
安　　徽	2 373	9 802	2 769	501
福　　建	942	3 730	664	530
江　　西	4 247	10 584	902	305
山　　东	14 831	33 862	5 672	4 678
河　　南	13 159	9 518	1 052	878
湖　　北	5 107	14 751	843	557
湖　　南	13 944	5 194	384	203
广　　东	1 275	1 862	728	3 490
广　　西	7 698	3 698	362	164
海　　南	110	118	11	33
重　　庆	2 241	2 483	311	153
四　　川	3 979	2 208	245	124
贵　　州	3 590	3 375	646	375
云　　南	4 968	3 109	265	191
西　　藏	55	77	15	19
陕　　西	5 806	3 633	635	557
甘　　肃	4 667	2 574	178	56
青　　海	1 053	1 242	86	38
宁　　夏	729	1 010	99	37
新　　疆	1 677	2 563	529	396

（续）

地区	当年扩大再生产支出（万元）	当年公益性基础设施建设投入（万元）	各级财政投入（万元）	获得一事一议奖补资金（万元）
全 国	**1 655 012.6**	**7 981 268.7**	**5 064 177.9**	**722 847.0**
北 京	101 731.7	33 800.5	15 476.4	199.6
天 津	32 216.6	10 422.0	5 381.7	8.2
河 北	7 871.4	171 010.3	124 975.8	46 108.0
山 西	7 611.3	88 049.5	53 912.2	36 373.3
内蒙古	1 621.8	24 021.0	11 177.6	5 619.9
辽 宁	1 476.2	70 414.1	56 794.8	56 000.2
吉 林	11 014.6	30 485.2	17 998.7	1 719.0
黑龙江	1 378.2	48 397.6	6 636.4	612.9
上 海	45 501.4	23 032.6	439.7	0.0
江 苏	102 248.1	667 433.3	229 884.7	33 578.7
浙 江	473 635.4	1 502 071.6	766 078.2	104 445.4
安 徽	47 273.0	737 773.1	548 291.4	65 825.0
福 建	39 620.6	502 633.3	335 209.1	54 565.5
江 西	14 556.6	175 381.6	137 065.8	12 778.4
山 东	84 198.8	502 974.3	212 233.6	15 612.8
河 南	21 825.6	329 262.4	205 498.2	9 743.0
湖 北	37 702.5	577 816.9	402 755.1	49 612.6
湖 南	54 183.4	590 567.4	501 325.6	28 434.1
广 东	466 824.3	716 073.2	189 318.8	1 660.8
广 西	21 164.3	195 707.5	185 168.0	92 186.8
海 南	135.3	6 402.9	5 904.3	282.3
重 庆	4 322.0	149 690.3	132 786.2	20 841.4
四 川	25 583.7	349 631.4	315 401.9	31 586.2
贵 州	13 042.5	70 042.9	65 129.3	16 378.2
云 南	4 786.0	146 960.7	91 972.9	3 568.7
西 藏	1 466.8	46.0	0.0	0.0
陕 西	15 413.0	165 803.4	162 016.4	18 458.1
甘 肃	12 872.3	46 058.2	37 938.0	5 097.4
青 海	170.3	7 510.4	7 829.3	356.4
宁 夏	1 769.2	17 347.2	15 364.7	10 808.9
新 疆	1 795.6	24 448.4	224 213.1	385.1

（续）

地区	当年村组织支付的公共服务费用（万元）	农村集体建设用地出租出让宗数（宗）	农村集体建设用地出租出让面积（亩）	农村集体建设用地出租出让收入（万元）
全　国	2 875 181.8	818 772.0	4 794 559.3	4 685 375.8
北　京	54 624.9	2 603.0	26 918.1	145 915.5
天　津	43 485.1	1 821.0	19 350.2	17 869.1
河　北	33 797.4	3 104.0	314 927.1	32 310.6
山　西	18 220.3	3 015.0	38 962.5	12 008.6
内蒙古	3 274.2	18.0	288.0	84.1
辽　宁	16 266.1	830.0	17 163.2	12 219.8
吉　林	19 008.0	1 548.0	1 347.1	1 711.4
黑龙江	16 949.6	88.0	12 982.0	1 519.8
上　海	60 677.2	4 533.0	302 906.0	649 668.7
江　苏	365 121.3	38 588.0	2 109 608.5	319 978.0
浙　江	734 832.7	25 180.0	119 907.1	597 362.0
安　徽	32 344.1	815.0	17 830.0	14 075.3
福　建	97 501.3	3 404.0	121 113.0	26 524.9
江　西	26 854.7	15 501.0	42 940.5	3 801.5
山　东	140 060.4	6 865.0	103 811.7	107 546.1
河　南	41 328.0	3 576.0	28 894.7	21 512.5
湖　北	36 603.7	462 813.0	247 069.0	12 961.2
湖　南	74 556.3	22 943.0	43 688.9	21 960.2
广　东	891 797.1	44 033.0	693 335.6	2 555 800.6
广　西	10 420.4	44 417.0	326 014.3	16 134.9
海　南	387.8	470.0	5 372.2	54.7
重　庆	8 852.4	2 268.0	11 909.6	2 489.3
四　川	85 925.2	1 135.0	25 171.4	27 780.1
贵　州	6 708.3	125 506.0	60 149.4	4 250.7
云　南	23 922.3	1 892.0	14 420.2	32 271.9
西　藏	194.8	20.0	25 729.0	1 376.1
陕　西	8 051.0	829.0	27 845.4	31 689.6
甘　肃	5 582.4	92.0	2 526.3	2 449.1
青　海	1 616.1	428.0	3 246.6	4 819.8
宁　夏	3 368.0	57.0	6 199.4	522.5
新　疆	12 850.8	380.0	22 932.5	6 707.2

表4 农村集体经济组织资产负债情况统计表

指标名称	代码	计量单位	合计数	组级	村级	镇级
一、流动资产合计	1	万元	346 964 398.6	32 830 706.6	256 329 060.1	57 804 632.0
(一)货币资金	2	万元	161 987 884.4	25 650 875.1	124 904 032.6	11 432 976.8
(二)短期投资	3	万元	8 794 422.4	765 963.0	7 962 001.1	66 458.3
(三)应收款项	4	万元	132 296 048.4	6 363 813.7	103 199 385.4	22 732 849.3
(四)存货	5	万元	43 886 043.4	50 054.7	20 263 641.0	23 572 347.6
二、农业资产合计	6	万元	16 093 037.2	5 271 984.5	10 675 583.0	145 469.7
(一)牲畜(禽)资产	7	万元	389 028.1	9 068.6	379 883.8	75.6
(二)林木资产	8	万元	15 704 009.1	5 262 915.9	10 295 699.2	145 394.1
三、长期资产合计	9	万元	45 055 845.4	1 665 861.9	37 091 348.4	6 298 635.1
长期投资	10	万元	45 055 845.4	1 665 861.9	37 091 348.4	6 298 635.1
其中:长期股权投资	11	万元	32 531 256.3	1 166 305.7	25 170 699.5	6 194 251.1
四、固定资产总计	12	万元	400 966 546.6	54 613 665.3	329 509 057.6	16 843 823.8
(一)固定资产原值	13	万元	355 059 877.1	57 260 027.5	284 458 157.0	13 341 692.6
减:累计折旧	14	万元	35 156 346.5	5 429 603.9	25 608 750.3	4 117 992.3

（续）

指标名称	代码	计量单位	合计数	组级	村级	镇级
（二）固定资产净值	15	万元	319 903 530.6	51 830 423.7	258 849 406.7	9 223 700.3
其中:经营性固定资产	16	万元	99 529 104.8	13 650 987.3	79 483 320.2	6 394 797.4
（三）固定资产清理	17	万元	1 165 953.5	96 025.7	822 423.8	247 504.0
（四）在建工程	18	万元	79 897 062.4	2 687 215.9	69 837 227.0	7 372 619.4
其中:经营性在建工程	19	万元	24 533 755.2	1 041 356.6	18 272 568.9	5 219 829.7
五、其他资产	20	万元	13 011 251.5	1 761 440.8	9 453 811.6	1 795 999.1
其中:无形资产	21	万元	7 837 165.5	1 440 584.9	5 765 972.8	630 607.8
六、资产总计	22	万元	822 091 079.3	96 143 659.0	643 058 860.6	82 888 559.7
七、流动负债合计	23	万元	233 294 268.6	11 808 469.1	171 145 979.4	50 339 820.0
（一）短期借款	24	万元	13 193 837.2	298 565.1	11 878 195.1	1 017 077.0
（二）应付款项	25	万元	217 229 277.6	10 912 487.1	157 062 428.8	49 254 361.6
（三）应付工资	26	万元	1 230 635.0	95 913.8	1 070 423.2	64 298.1
（四）应付福利费	27	万元	1 640 518.7	501 503.0	1 134 932.3	4 083.4

（续）

指标名称	代码	计量单位	合计数	组级	村级	镇级
八、长期负债合计	28	万元	86 289 001.7	4 189 808.5	65 282 100.7	16 817 092.6
（一）长期借款及应付款	29	万元	29 152 350.2	795 627.7	18 385 573.4	9 971 149.1
（二）一事一议资金	30	万元	1 944 066.6	87 665.4	1 855 990.9	410.2
（三）专项应付款	31	万元	55 192 584.9	3 306 515.4	45 040 536.3	6 845 533.2
其中：征地补偿费	32	万元	15 626 194.0	2 270 248.7	13 001 428.9	354 516.4
九、所有者权益合计	33	万元	502 507 118.2	80 145 465.4	406 630 005.4	15 731 647.1
（一）资本	34	万元	90 986 820.4	17 690 015.7	69 042 317.4	4 254 487.3
其中：政府拨款等形成资产转增资本	35	万元	11 981 526.2	1 624 724.4	10 110 307.5	246 494.3
（二）公积公益金	36	万元	384 322 955.2	55 248 463.2	318 322 123.8	10 752 368.2
其中：征地补偿费转入	37	万元	59 269 067.3	6 664 649.2	51 959 079.1	645 339.0
（三）未分配收益	38	万元	27 197 342.6	7 206 986.9	19 265 564.2	724 791.6
十、负债及所有者权益合计	39	万元	822 091 079.3	96 143 659.0	643 058 860.6	82 888 559.7

（续）

指标名称	代码	计量单位	合计数	组级	村级	镇级
十、附报						
（一）经营性资产总额	40	万元	373 862 903.1	36 628 720.2	273 906 525.3	63 327 657.6
（二）非经营性资产总额	41	万元	448 227 657.1	59 515 011.2	369 151 743.8	19 560 902.1
（三）待界定资产总额	42	万元	3 658 314.4	707 605.5	2 926 214.4	24 494.6
（四）负债合计	43	万元	319 562 961.4	15 994 161.7	236 412 636.9	67 156 162.8
其中：1. 经营性负债	44	万元	54 952 447.8	3 305 849.7	45 192 494.0	6 454 104.1
2. 兴办公益事业负债	45	万元	27 115 510.0	734 293.8	25 581 015.0	800 201.1
其中：(1) 义务教育负债	46	万元	214 561.3	4 302.3	201 928.3	8 330.7
(2) 道路建设负债	47	万元	4 165 809.6	185 679.2	3 705 363.3	274 767.1
(3) 兴修水电设施负债	48	万元	889 406.0	25 416.9	773 826.4	90 162.7
(4) 卫生文化设施负债	49	万元	1 102 658.4	24 248.5	1 074 753.9	3 656.1
(5) 其他兴办公益事业负债	50	万元	20 742 219.4	494 648.4	19 824 286.5	423 284.5

表 4-1　各地区农村集体经济组织资产负债情况统计表

地区	流动资产合计（万元）			
	合计数	组级	村级	镇级
全　国	**346 964 398.6**	**32 830 706.6**	**256 329 060.1**	**57 804 632.0**
北　京	72 261 010.4	94 690.9	43 568 017.2	28 598 302.3
天　津	6 786 737.3	0.0	6 786 737.3	0.0
河　北	11 962 506.6	28 945.7	11 855 007.2	78 553.7
山　西	11 156 289.8	315 471.5	10 836 213.9	4 604.5
内蒙古	2 601 002.4	28 733.2	2 572 269.2	0.0
辽　宁	5 624 431.4	81 434.3	5 344 480.8	198 516.3
吉　林	3 018 095.8	235 170.7	2 782 632.9	292.2
黑龙江	3 424 595.8	11 277.6	3 413 318.2	0.0
上　海	36 502 460.7	496 784.7	12 074 697.6	23 930 978.4
江　苏	25 754 672.2	1 691 901.7	19 441 937.5	4 620 832.9
浙　江	30 460 593.9	0.0	30 460 593.9	0.0
安　徽	3 213 961.2	93 428.5	3 103 847.9	16 684.7
福　建	6 922 862.7	465 675.3	6 432 039.0	25 148.4
江　西	4 189 099.3	494 673.2	3 523 459.1	170 967.0
山　东	31 909 774.3	276 332.2	31 633 380.2	61.8
河　南	7 109 314.7	1 020 275.7	6 073 926.1	15 113.0
湖　北	6 023 012.0	110 282.7	5 912 522.9	206.4
湖　南	4 168 614.2	115 062.2	3 990 012.1	63 539.9
广　东	48 779 235.0	19 278 525.0	29 500 710.0	0.0
广　西	2 128 358.9	1 045 937.9	1 082 419.6	1.4
海　南	1 466 650.3	529 206.2	935 640.7	1 803.4
重　庆	1 852 896.4	376 321.6	1 475 705.3	869.5
四　川	4 419 573.6	1 145 801.4	3 271 452.3	2 320.0
贵　州	1 284 868.0	108 262.7	1 169 621.5	6 983.7
云　南	5 108 620.7	3 283 579.5	1 825 041.1	0.0
西　藏	824 033.5	328 259.6	495 761.5	12.4
陕　西	3 463 918.9	785 624.7	2 670 715.7	7 578.4
甘　肃	2 022 429.6	128 708.3	1 832 767.6	60 953.7
青　海	430 825.1	1 285.1	429 540.0	0.0
宁　夏	522 851.2	0.0	522 543.3	307.9
新　疆	1 571 102.8	259 054.4	1 312 048.4	0.0

（续）

地区	货币资金（万元）			
	合计数	组级	村级	镇级
全　　国	**161 987 884.4**	**25 650 875.1**	**124 904 032.6**	**11 432 976.8**
北　　京	24 259 430.1	92 228.2	18 314 960.3	5 852 241.5
天　　津	1 123 287.1	0.0	1 123 287.1	0.0
河　　北	5 656 613.3	24 690.9	5 559 469.4	72 453.1
山　　西	3 044 946.0	169 324.4	2 871 500.8	4 120.7
内　蒙古	931 700.5	14 191.8	917 508.7	0.0
辽　　宁	2 125 790.9	44 814.4	2 075 177.9	5 798.6
吉　　林	1 373 412.8	106 362.3	1 267 031.4	19.2
黑　龙江	1 338 907.3	2 561.2	1 336 346.2	0.0
上　　海	10 541 799.0	264 547.6	5 525 456.2	4 751 795.1
江　　苏	7 991 370.8	561 256.1	6 820 296.2	609 818.5
浙　　江	20 224 296.9	0.0	20 224 296.9	0.0
安　　徽	2 218 725.1	81 178.8	2 129 696.6	7 849.8
福　　建	5 168 057.6	376 478.9	4 784 137.3	7 441.4
江　　西	2 398 700.6	438 576.6	1 913 912.4	46 211.6
山　　东	9 252 507.4	164 584.5	9 087 898.3	24.6
河　　南	3 290 833.0	625 642.3	2 655 016.1	10 174.7
湖　　北	3 406 981.6	65 950.5	3 340 846.1	185.0
湖　　南	2 559 504.0	96 468.6	2 436 656.7	26 378.6
广　　东	37 825 323.0	16 195 863.5	21 629 459.5	0.0
广　　西	1 911 095.4	987 847.1	923 247.0	1.4
海　　南	1 419 798.5	507 142.8	910 852.3	1 803.4
重　　庆	1 414 509.9	332 662.6	1 081 464.7	382.6
四　　川	2 669 707.9	824 769.3	1 843 472.6	1 466.0
贵　　州	790 761.0	78 270.9	708 900.5	3 589.6
云　　南	3 876 398.9	2 578 398.1	1 298 000.8	0.0
西　　藏	475 432.1	194 727.1	280 704.4	0.6
陕　　西	2 308 011.2	571 934.4	1 732 268.3	3 808.4
甘　　肃	1 159 554.0	95 225.6	1 037 222.0	27 106.4
青　　海	271 220.4	1 057.3	270 163.1	0.0
宁　　夏	241 687.1	0.0	241 381.2	305.9
新　　疆	717 521.0	154 119.4	563 401.6	0.0

（续）

地区	短期投资（万元）			
	合计数	组级	村级	镇级
全　国	**8 794 422.4**	**765 963.0**	**7 962 001.1**	**66 458.3**
北　京	1 240 613.3	0.0	1 225 550.9	15 062.4
天　津	56 755.2	0.0	56 755.2	0.0
河　北	122 723.1	373.2	122 349.9	0.0
山　西	184 769.3	6 834.2	177 935.1	0.0
内　蒙古	25 282.0	0.8	25 281.2	0.0
辽　宁	54 307.9	63.5	52 744.4	1 500.0
吉　林	24 596.5	1 928.7	22 667.7	0.0
黑龙江	83 521.1	0.0	83 521.1	0.0
上　海	422 386.0	1 975.1	374 469.9	45 941.0
江　苏	2 167 867.3	114 975.8	2 051 336.2	1 555.3
浙　江	1 145 278.2	0.0	1 145 278.2	0.0
安　徽	79 051.3	6 445.5	72 465.4	140.3
福　建	101 005.1	2 676.5	98 257.8	70.8
江　西	47 928.5	1 327.8	46 598.5	2.1
山　东	396 954.9	1 940.7	394 994.2	20.0
河　南	120 889.5	9 888.4	110 850.1	151.0
湖　北	54 263.2	1 242.7	53 020.5	0.0
湖　南	29 863.4	1 046.6	28 816.4	0.4
广　东	1 753 825.3	523 664.8	1 230 160.5	0.0
广　西	53 576.5	10 025.3	43 551.2	0.0
海　南	4 655.2	51.2	4 604.0	0.0
重　庆	46 060.2	125.6	45 934.6	0.0
四　川	133 926.9	52 310.4	81 591.5	25.0
贵　州	91 819.8	1 235.2	90 584.7	0.0
云　南	34 619.7	14 949.0	19 670.6	0.0
西　藏	4 111.9	292.0	3 819.9	0.0
陕　西	103 787.3	11 517.0	90 280.3	1 990.0
甘　肃	144 343.3	840.0	143 503.3	0.0
青　海	19 868.3	0.0	19 868.3	0.0
宁　夏	38 684.2	0.0	38 684.2	0.0
新　疆	7 088.0	232.7	6 855.3	0.0

（续）

地区	应收款项（万元）			
	合计数	组级	村级	镇级
全　国	**132 296 048.4**	**6 363 813.7**	**103 199 385.4**	**22 732 849.3**
北　京	18 831 448.5	2 462.2	11 313 006.6	7 515 979.8
天　津	5 112 492.0	0.0	5 112 492.0	0.0
河　北	5 024 324.2	3 857.6	5 017 648.3	2 818.2
山　西	7 422 844.1	138 468.3	7 284 107.0	268.8
内蒙古	1 619 637.6	13 483.6	1 606 154.0	0.0
辽　宁	3 305 638.3	36 500.6	3 088 321.7	180 816.0
吉　林	1 570 147.0	126 838.3	1 443 035.7	273.0
黑龙江	1 978 700.5	8 716.4	1 969 984.1	0.0
上　海	17 951 940.7	229 882.7	6 002 946.6	11 719 111.4
江　苏	14 432 473.6	1 015 603.8	10 332 496.4	3 084 373.4
浙　江	8 947 096.9	0.0	8 947 096.9	0.0
安　徽	906 315.4	5 757.7	892 011.1	8 546.6
福　建	1 647 077.4	86 512.5	1 542 933.5	17 631.5
江　西	1 710 511.1	53 123.9	1 536 332.3	121 055.0
山　东	19 037 618.2	107 779.7	18 929 822.3	16.1
河　南	3 274 371.4	384 001.0	2 885 610.2	4 760.2
湖　北	2 533 194.0	43 062.2	2 490 110.4	21.4
湖　南	1 557 717.7	16 641.1	1 503 958.3	37 118.4
广　东	8 748 782.0	2 541 749.8	6 207 032.2	0.0
广　西	154 635.5	46 707.6	107 927.9	0.0
海　南	42 163.6	22 012.1	20 151.5	0.0
重　庆	387 798.4	43 499.9	343 821.7	476.7
四　川	1 577 337.7	268 352.7	1 308 156.1	828.9
贵　州	385 304.2	28 424.6	353 514.8	3 364.8
云　南	1 141 061.4	673 142.1	467 919.3	0.0
西　藏	310 280.3	130 635.3	179 635.0	10.0
陕　西	980 718.3	199 837.9	779 102.4	1 777.9
甘　肃	529 281.6	31 848.4	463 834.1	33 599.0
青　海	134 213.6	227.0	133 986.7	0.0
宁　夏	199 619.2	0.0	199 617.2	2.0
新　疆	841 304.1	104 684.8	736 619.3	0.0

（续）

地区	存货（万元）			
	合计数	组级	村级	镇级
全　国	**43 886 043.4**	**50 054.7**	**20 263 641.0**	**23 572 347.6**
北　京	27 929 518.5	0.5	12 714 499.4	15 215 018.6
天　津	494 203.1	0.0	494 203.1	0.0
河　北	1 158 845.9	24.0	1 155 539.6	3 282.4
山　西	503 730.5	844.6	502 671.0	215.0
内蒙古	24 382.3	1 057.1	23 325.3	0.0
辽　宁	138 694.3	55.8	128 236.8	10 401.7
吉　林	49 939.5	41.4	49 898.1	0.0
黑龙江	23 466.8	0.0	23 466.8	0.0
上　海	7 586 335.1	379.3	171 824.9	7 414 130.9
江　苏	1 162 960.4	66.1	237 808.8	925 085.6
浙　江	143 921.9	0.0	143 921.9	0.0
安　徽	9 869.4	46.5	9 674.8	148.1
福　建	6 722.6	7.4	6 710.5	4.7
江　西	31 959.1	1 644.9	26 615.9	3 698.3
山　东	3 222 693.9	2 027.3	3 220 665.4	1.2
河　南	423 220.7	744.0	422 449.6	27.1
湖　北	28 573.2	27.3	28 545.9	0.0
湖　南	21 529.1	905.9	20 580.7	42.5
广　东	451 304.7	17 246.9	434 057.8	0.0
广　西	9 051.5	1 358.0	7 693.6	0.0
海　南	33.0	0.1	32.9	0.0
重　庆	4 528.0	33.6	4 484.2	10.2
四　川	38 601.0	368.9	38 232.1	0.0
贵　州	16 982.9	332.1	16 621.6	29.3
云　南	56 540.7	17 090.3	39 450.4	0.0
西　藏	34 209.2	2 605.2	31 602.2	1.8
陕　西	71 402.1	2 335.4	69 064.7	2.1
甘　肃	189 250.7	794.3	188 208.2	248.3
青　海	5 522.8	0.8	5 522.0	0.0
宁　夏	42 860.7	0.0	42 860.7	0.0
新　疆	5 189.6	17.4	5 172.2	0.0

（续）

地区	农业资产合计（万元）			
	合计数	组级	村级	镇级
全　国	16 093 037.2	5 271 984.5	10 675 583.0	145 469.7
北　京	32 120.3	0.0	31 718.9	401.3
天　津	29 501.8	0.0	29 501.8	0.0
河　北	2 458 978.2	68 103.3	2 390 874.9	0.0
山　西	1 331 416.1	99 798.2	1 231 617.9	0.0
内蒙古	264 456.6	1 151.6	263 305.1	0.0
辽　宁	205 187.7	32 204.0	172 404.7	579.0
吉　林	30 573.2	4 914.6	25 658.6	0.0
黑龙江	208 804.0	0.0	208 804.0	0.0
上　海	8 024.4	164.3	7 146.9	713.2
江　苏	120 606.5	317.8	118 676.2	1 612.5
浙　江	312 600.7	0.0	312 600.7	0.0
安　徽	469 019.8	250 118.6	216 835.8	2 065.5
福　建	571 663.7	4 142.0	567 301.0	220.7
江　西	536 482.1	395 068.1	126 117.5	15 296.5
山　东	300 808.7	4 903.4	295 905.2	0.0
河　南	406 293.3	105 060.1	280 090.1	21 143.1
湖　北	741 535.5	3 292.8	738 242.8	0.0
湖　南	1 076 719.2	347 968.0	648 630.0	80 121.2
广　东	273 247.7	125 966.8	147 280.9	0.0
广　西	497 125.1	357 300.3	139 071.0	753.8
海　南	39 339.9	25 754.5	11 802.4	1 783.0
重　庆	509 832.0	429 882.5	79 788.2	161.3
四　川	606 877.8	451 710.8	151 946.2	3 220.8
贵　州	2 498 700.8	1 038 706.6	1 449 037.2	10 957.0
云　南	794 383.9	688 112.5	106 271.5	0.0
西　藏	514 120.1	214 930.5	299 189.6	0.0
陕　西	867 124.7	606 616.9	254 197.3	6 310.5
甘　肃	146 827.3	2 222.9	144 474.2	130.2
青　海	53 335.9	0.0	53 335.9	0.0
宁　夏	24 167.9	0.0	24 167.9	0.0
新　疆	163 162.3	13 573.4	149 588.9	0.0

（续）

地区	牲畜（禽）资产（万元）			
	合计数	组级	村级	镇级
全　国	**389 028.1**	**9 068.6**	**379 883.8**	**75.6**
北　京	211.7	0.0	137.0	74.8
天　津	0.5	0.0	0.5	0.0
河　北	1 631.0	0.6	1 630.4	0.0
山　西	10 493.0	1 722.1	8 770.9	0.0
内蒙古	98 399.6	564.1	97 835.6	0.0
辽　宁	2 850.1	0.0	2 850.1	0.0
吉　林	7 014.6	35.7	6 978.9	0.0
黑龙江	15 576.8	0.0	15 576.8	0.0
上　海	0.9	0.0	0.0	0.9
江　苏	64.7	1.1	63.6	0.0
浙　江	246.5	0.0	246.5	0.0
安　徽	1 230.1	0.2	1 229.8	0.0
福　建	167.8	0.0	167.8	0.0
江　西	484.7	58.2	426.5	0.0
山　东	2 779.3	203.9	2 575.3	0.0
河　南	3 194.0	36.1	3 157.9	0.0
湖　北	1 733.9	0.0	1 733.9	0.0
湖　南	4 728.7	8.0	4 720.7	0.0
广　东	882.1	121.2	760.9	0.0
广　西	4 646.0	353.7	4 292.4	0.0
海　南	2 004.5	409.5	1 595.0	0.0
重　庆	1 542.4	632.2	910.3	0.0
四　川	23 511.4	119.7	23 391.7	0.0
贵　州	17 629.5	199.9	17 429.6	0.0
云　南	3 312.9	704.1	2 608.7	0.0
西　藏	20 564.6	2 012.3	18 552.3	0.0
陕　西	18 682.5	1 755.7	16 926.8	0.0
甘　肃	3 820.4	0.0	3 820.4	0.0
青　海	49 891.8	0.0	49 891.8	0.0
宁　夏	20 542.5	0.0	20 542.5	0.0
新　疆	71 189.8	130.5	71 059.3	0.0

（续）

地区	林木资产（万元）			
	合计数	组级	村级	镇级
全　国	**15 704 009.1**	**5 262 915.9**	**10 295 699.2**	**145 394.1**
北　京	31 908.5	0.0	31 582.0	326.6
天　津	29 501.3	0.0	29 501.3	0.0
河　北	2 457 347.3	68 102.7	2 389 244.6	0.0
山　西	1 320 923.1	98 076.1	1 222 847.0	0.0
内蒙古	166 057.0	587.5	165 469.5	0.0
辽　宁	202 337.7	32 204.0	169 554.7	579.0
吉　林	23 558.6	4 878.9	18 679.6	0.0
黑龙江	193 227.2	0.0	193 227.2	0.0
上　海	8 023.5	164.3	7 146.9	712.3
江　苏	120 541.8	316.7	118 612.5	1 612.5
浙　江	312 354.2	0.0	312 354.2	0.0
安　徽	467 789.8	250 118.3	215 606.0	2 065.5
福　建	571 495.9	4 142.0	567 133.2	220.7
江　西	535 997.4	395 009.9	125 690.9	15 296.5
山　东	298 029.4	4 699.5	293 329.9	0.0
河　南	403 099.3	105 024.0	276 932.3	21 143.1
湖　北	739 801.6	3 292.8	736 508.8	0.0
湖　南	1 071 990.6	347 960.0	643 909.3	80 121.2
广　东	272 365.6	125 845.6	146 520.0	0.0
广　西	492 479.1	356 946.7	134 778.6	753.8
海　南	37 335.4	25 345.0	10 207.4	1 783.0
重　庆	508 289.6	429 250.4	78 877.9	161.3
四　川	583 366.4	451 591.2	128 554.5	3 220.8
贵　州	2 481 071.3	1 038 506.7	1 431 607.6	10 957.0
云　南	791 071.0	687 408.3	103 662.7	0.0
西　藏	493 555.5	212 918.3	280 637.3	0.0
陕　西	848 442.2	604 861.2	237 270.5	6 310.5
甘　肃	143 006.9	2 222.9	140 653.8	130.2
青　海	3 444.1	0.0	3 444.1	0.0
宁　夏	3 625.4	0.0	3 625.4	0.0
新　疆	91 972.5	13 442.9	78 529.6	0.0

（续）

地区	长期资产合计（万元）			
	合计数	组级	村级	镇级
全　　国	**45 055 845. 4**	**1 665 861. 9**	**37 091 348. 4**	**6 298 635. 1**
北　　京	6 106 316. 8	53. 9	4 921 643. 0	1 184 619. 9
天　　津	954 724. 4	0. 0	954 724. 4	0. 0
河　　北	824 870. 1	548. 0	824 322. 1	0. 0
山　　西	1 044 498. 0	18 886. 0	1 025 612. 0	0. 0
内 蒙 古	203 390. 3	56. 6	203 333. 7	0. 0
辽　　宁	396 326. 7	1 047. 5	342 287. 2	52 992. 1
吉　　林	244 045. 0	10 000. 5	234 044. 5	0. 0
黑 龙 江	161 809. 3	0. 0	161 809. 3	
上　　海	6 625 719. 1	1 739. 3	1 899 574. 4	4 724 405. 4
江　　苏	5 414 139. 2	135 611. 7	5 011 615. 0	266 912. 5
浙　　江	5 241 215. 7	0. 0	5 241 215. 7	0. 0
安　　徽	688 817. 4	490. 0	687 164. 5	1 162. 9
福　　建	760 806. 9	18 356. 5	741 602. 2	848. 2
江　　西	373 372. 1	6 315. 7	312 932. 3	54 124. 2
山　　东	3 281 084. 9	50 393. 7	3 230 691. 2	0. 0
河　　南	1 111 219. 6	45 777. 7	1 058 008. 6	7 433. 3
湖　　北	736 561. 5	522. 1	736 039. 4	0. 0
湖　　南	287 978. 5	1 208. 4	286 118. 7	651. 4
广　　东	5 654 507. 7	990 097. 1	4 664 410. 5	0. 0
广　　西	823 176. 3	36 812. 4	786 363. 9	0. 0
海　　南	161 613. 2	4 104. 3	157 225. 0	283. 8
重　　庆	172 163. 8	2 022. 0	170 111. 8	30. 0
四　　川	411 890. 0	34 499. 2	376 669. 9	720. 9
贵　　州	383 074. 8	36 821. 8	346 253. 1	0. 0
云　　南	618 958. 0	206 536. 3	412 421. 6	0. 0
西　　藏	113 376. 5	8 306. 1	105 070. 4	0. 0
陕　　西	893 327. 9	45 946. 5	843 361. 4	4 020. 0
甘　　肃	814 436. 6	4 833. 1	809 573. 0	30. 5
青　　海	286 386. 2	0. 0	286 386. 2	0. 0
宁　　夏	128 988. 7	0. 0	128 588. 7	400. 0
新　　疆	137 050. 2	4 875. 5	132 174. 7	0. 0

（续）

地区	长期投资（万元）			
	合计数	组级	村级	镇级
全　国	**45 055 845.4**	**1 665 861.9**	**37 091 348.4**	**6 298 635.1**
北　京	6 106 316.8	53.9	4 921 643.0	1 184 619.9
天　津	954 724.4	0.0	954 724.4	0.0
河　北	824 870.1	548.0	824 322.1	0.0
山　西	1 044 498.0	18 886.0	1 025 612.0	0.0
内蒙古	203 390.3	56.6	203 333.7	0.0
辽　宁	396 326.7	1 047.5	342 287.2	52 992.1
吉　林	244 045.0	10 000.5	234 044.5	0.0
黑龙江	161 809.3	0.0	161 809.3	0.0
上　海	6 625 719.1	1 739.3	1 899 574.4	4 724 405.4
江　苏	5 414 139.2	135 611.7	5 011 615.0	266 912.5
浙　江	5 241 215.7	0.0	5 241 215.7	0.0
安　徽	688 817.4	490.0	687 164.5	1 162.9
福　建	760 806.9	18 356.5	741 602.2	848.2
江　西	373 372.1	6 315.7	312 932.3	54 124.2
山　东	3 281 084.9	50 393.7	3 230 691.2	0.0
河　南	1 111 219.6	45 777.7	1 058 008.6	7 433.3
湖　北	736 561.5	522.1	736 039.4	0.0
湖　南	287 978.5	1 208.4	286 118.7	651.4
广　东	5 654 507.7	990 097.1	4 664 410.5	0.0
广　西	823 176.3	36 812.4	786 363.9	0.0
海　南	161 613.2	4 104.3	157 225.0	283.8
重　庆	172 163.8	2 022.0	170 111.8	30.0
四　川	411 890.0	34 499.2	376 669.9	720.9
贵　州	383 074.8	36 821.8	346 253.1	0.0
云　南	618 958.0	206 536.3	412 421.6	0.0
西　藏	113 376.5	8 306.1	105 070.4	0.0
陕　西	893 327.9	45 946.5	843 361.4	4 020.0
甘　肃	814 436.6	4 833.1	809 573.0	30.5
青　海	286 386.2	0.0	286 386.2	0.0
宁　夏	128 988.7	0.0	128 588.7	400.0
新　疆	137 050.2	4 875.5	132 174.7	0.0

（续）

地区	长期股权投资（万元）			
	合计数	组级	村级	镇级
全 国	**32 531 256.3**	**1 166 305.7**	**25 170 699.5**	**6 194 251.1**
北 京	3 928 647.9	0.0	2 755 500.0	1 173 147.9
天 津	350 371.4	0.0	350 371.4	0.0
河 北	563 701.0	181.9	563 519.1	0.0
山 西	601 138.0	11 317.8	589 820.2	0.0
内蒙古	115 861.7	12.5	115 849.2	0.0
辽 宁	235 812.3	468.8	193 017.7	42 325.8
吉 林	151 417.9	7 323.8	144 094.1	0.0
黑龙江	97 342.5	0.0	97 342.5	0.0
上 海	6 375 276.0	1 312.7	1 713 499.3	4 660 464.0
江 苏	3 024 197.7	19 797.3	2 752 849.0	251 551.3
浙 江	3 721 094.2	0.0	3 721 094.2	0.0
安 徽	498 038.2	181.5	496 735.0	1 121.8
福 建	459 633.0	17 581.8	441 203.0	848.2
江 西	302 297.5	3 371.7	244 809.2	54 116.6
山 东	2 415 870.5	40 845.0	2 375 025.5	0.0
河 南	657 912.9	20 075.9	630 416.9	7 420.0
湖 北	472 851.6	298.3	472 553.2	0.0
湖 南	213 092.4	588.7	211 930.7	573.0
广 东	4 505 351.2	735 304.8	3 770 046.4	0.0
广 西	645 127.2	32 904.3	612 222.9	0.0
海 南	145 999.6	3 804.3	141 911.4	283.8
重 庆	127 425.5	1 305.6	126 119.9	0.0
四 川	292 710.3	20 213.9	272 048.2	448.2
贵 州	310 352.3	35 411.8	274 941.0	0.0
云 南	454 068.7	165 032.8	289 035.9	0.0
西 藏	107 239.7	7 712.5	99 527.2	0.0
陕 西	603 801.4	36 174.4	566 107.0	1 520.0
甘 肃	777 036.2	3 629.3	773 376.4	30.5
青 海	216 718.0	0.0	216 718.0	0.0
宁 夏	74 274.3	0.0	73 874.3	400.0
新 疆	86 594.7	1 454.0	85 140.7	0.0

（续）

地区	固定资产合计（万元）			
	合计数	组级	村级	镇级
全　国	**400 966 546.6**	**54 613 665.3**	**329 509 057.6**	**16 843 823.8**
北　京	18 107 966.5	2 596.8	11 315 198.1	6 790 171.6
天　津	5 804 530.3	0.0	5 804 530.3	0.0
河　北	15 761 169.7	48 644.6	15 683 362.9	29 162.1
山　西	16 038 517.0	597 642.7	15 437 519.6	3 354.7
内蒙古	5 471 093.6	331 806.9	5 139 286.7	0.0
辽　宁	4 766 444.0	38 252.4	4 651 410.2	76 781.4
吉　林	2 719 663.1	65 246.8	2 650 821.1	3 595.2
黑龙江	3 694 815.4	2 029.2	3 692 786.2	0.0
上　海	13 594 569.8	90 251.5	5 566 314.4	7 938 003.9
江　苏	19 538 935.7	235 282.9	17 844 885.7	1 458 767.2
浙　江	45 226 828.2	0.0	45 226 828.2	0.0
安　徽	12 236 310.0	300 904.6	11 903 885.6	31 519.7
福　建	10 773 956.2	218 147.0	10 529 059.7	26 749.4
江　西	6 880 205.1	2 256 005.0	4 465 307.7	158 892.3
山　东	37 239 201.3	875 411.0	36 363 230.8	559.6
河　南	25 721 748.6	3 008 798.0	22 572 047.8	140 902.7
湖　北	13 733 671.6	236 684.9	13 492 071.4	4 915.3
湖　南	12 346 505.2	810 610.7	11 434 816.3	101 078.2
广　东	36 632 512.4	11 331 221.6	25 301 290.8	0.0
广　西	9 807 485.4	4 068 253.0	5 738 201.4	1 031.0
海　南	1 023 195.9	467 879.2	554 647.4	669.4
重　庆	9 211 468.7	5 133 595.6	4 072 243.0	5 630.0
四　川	18 012 640.1	5 849 051.6	12 150 639.9	12 948.6
贵　州	5 942 666.7	993 215.7	4 935 439.9	14 011.1
云　南	17 599 644.0	11 135 842.7	6 463 801.3	0.0
西　藏	1 516 487.1	317 714.6	1 198 581.9	190.6
陕　西	15 940 649.9	5 350 192.0	10 570 680.4	19 777.5
甘　肃	7 032 766.8	595 369.0	6 413 021.2	24 376.6
青　海	1 680 558.9	2 716.0	1 677 842.9	0.0
宁　夏	903 873.8	0.0	903 138.2	735.6
新　疆	6 006 465.7	250 299.1	5 756 166.7	0.0

（续）

地区	固定资产原值（万元）			
	合计数	组级	村级	镇级
全　国	**355 059 877.1**	**57 260 027.5**	**284 458 157.0**	**13 341 692.6**
北　京	15 305 071.9	3 519.7	11 241 110.8	4 060 441.4
天　津	4 901 167.6	0.0	4 901 167.6	0.0
河　北	15 553 791.1	50 455.3	15 481 174.9	22 161.0
山　西	11 108 807.2	441 961.8	10 663 490.7	3 354.7
内蒙古	4 562 373.5	333 774.4	4 228 599.1	0.0
辽　宁	4 475 978.0	36 075.0	4 324 897.2	115 005.8
吉　林	2 509 530.0	61 597.4	2 444 337.4	3 595.2
黑龙江	3 576 375.9	2 029.2	3 574 346.7	0.0
上　海	14 041 466.7	95 757.4	6 346 027.5	7 599 681.9
江　苏	18 251 753.7	231 965.1	17 023 027.1	996 761.5
浙　江	25 720 446.4	0.0	25 720 446.4	0.0
安　徽	12 258 944.6	300 211.3	11 925 883.8	32 849.5
福　建	8 235 416.8	230 798.1	7 986 079.7	18 539.0
江　西	6 212 497.9	2 274 898.4	3 778 603.6	158 996.0
山　东	24 915 992.4	839 801.2	24 075 668.3	522.9
河　南	25 246 625.2	3 096 054.4	22 001 780.2	148 790.6
湖　北	12 437 300.3	227 182.9	12 205 116.1	5 001.4
湖　南	10 856 257.9	809 394.0	9 950 324.1	96 539.8
广　东	41 480 308.1	14 272 990.4	27 207 317.7	0.0
广　西	9 755 758.2	4 124 073.0	5 630 654.2	1 031.0
海　南	1 015 513.8	462 502.1	552 230.6	781.1
重　庆	9 170 706.2	5 168 953.9	3 995 622.8	6 129.6
四　川	17 672 430.7	5 834 587.5	11 824 366.3	13 476.9
贵　州	5 924 570.9	993 731.1	4 915 671.2	15 168.5
云　南	17 211 950.4	10 839 852.8	6 372 097.7	0.0
西　藏	1 889 189.0	376 550.2	1 512 410.6	228.2
陕　西	15 855 698.8	5 331 052.5	10 504 883.9	19 762.4
甘　肃	6 958 044.9	575 393.0	6 360 528.0	22 123.9
青　海	1 266 274.2	2 712.9	1 263 561.3	0.0
宁　夏	761 175.9	0.0	760 425.7	750.2
新　疆	5 928 458.6	242 152.5	5 686 306.0	0.0

（续）

地区	累计折旧（万元）			
	合计数	组级	村级	镇级
全　　国	**35 156 346. 5**	**5 429 603. 9**	**25 608 750. 3**	**4 117 992. 3**
北　　京	4 378 504. 2	922. 9	2 767 383. 6	1 610 197. 7
天　　津	713 204. 3	0. 0	713 204. 3	0. 0
河　　北	1 995 138. 4	2 725. 2	1 992 322. 8	90. 5
山　　西	230 388. 2	6 146. 5	224 241. 7	0. 0
内　蒙古	120 525. 6	4 416. 4	116 109. 2	0. 0
辽　　宁	531 285. 2	3 338. 9	486 199. 9	41 746. 4
吉　　林	120 935. 7	1 186. 6	119 749. 2	0. 0
黑　龙江	74 357. 4	0. 0	74 357. 4	0. 0
上　　海	4 567 935. 4	26 974. 8	2 184 423. 0	2 356 537. 7
江　　苏	1 519 593. 0	10 388. 0	1 427 780. 1	81 424. 9
浙　　江	1 878 522. 9	0. 0	1 878 522. 9	0. 0
安　　徽	364 585. 5	1 301. 5	361 066. 8	2 217. 3
福　　建	458 749. 5	23 114. 9	434 690. 5	944. 1
江　　西	151 371. 5	49 222. 5	93 945. 0	8 204. 0
山　　东	1 844 621. 8	41 755. 1	1 802 866. 6	0. 0
河　　南	776 414. 9	171 486. 9	596 781. 6	8 146. 4
湖　　北	327 713. 5	3 976. 0	323 651. 5	86. 1
湖　　南	206 125. 6	5 971. 4	196 990. 6	3 163. 6
广　　东	11 761 382. 1	4 278 422. 5	7 482 959. 6	0. 0
广　　西	320 287. 8	116 972. 8	203 315. 0	0. 0
海　　南	28 365. 6	8 511. 7	19 742. 1	111. 7
重　　庆	174 285. 6	53 908. 0	119 559. 3	818. 3
四　　川	413 936. 1	46 754. 1	366 633. 8	548. 2
贵　　州	287 427. 8	22 175. 1	264 095. 2	1 157. 4
云　　南	517 853. 7	324 795. 9	193 057. 8	0. 0
西　　藏	441 806. 1	94 032. 6	347 735. 9	37. 6
陕　　西	410 275. 3	108 432. 3	301 305. 1	537. 8
甘　　肃	357 402. 4	16 454. 8	338 939. 5	2 008. 1
青　　海	23 927. 6	0. 0	23 927. 6	0. 0
宁　　夏	10 778. 1	0. 0	10 763. 5	14. 6
新　　疆	148 645. 6	6 216. 5	142 429. 1	0. 0

（续）

地区	固定资产净值（万元）			
	合计数	组级	村级	镇级
全 国	**319 903 530.6**	**51 830 423.7**	**258 849 406.7**	**9 223 700.3**
北 京	10 926 567.7	2 596.8	8 473 727.1	2 450 243.7
天 津	4 187 963.2	0.0	4 187 963.2	0.0
河 北	13 558 652.7	47 730.1	13 488 852.1	22 070.5
山 西	10 878 419.0	435 815.4	10 439 249.0	3 354.7
内蒙古	4 441 847.9	329 358.0	4 112 489.9	0.0
辽 宁	3 944 692.8	32 736.1	3 838 697.3	73 259.4
吉 林	2 388 594.2	60 410.8	2 324 588.2	3 595.2
黑龙江	3 502 018.5	2 029.2	3 499 989.2	0.0
上 海	9 473 531.2	68 782.6	4 161 604.5	5 243 144.2
江 苏	16 732 160.7	221 577.1	15 595 247.0	915 336.6
浙 江	23 841 923.5	0.0	23 841 923.5	0.0
安 徽	11 894 359.1	298 909.8	11 564 817.0	30 632.3
福 建	7 776 667.3	207 683.2	7 551 389.2	17 594.9
江 西	6 061 126.4	2 225 675.8	3 684 658.6	150 792.0
山 东	23 071 370.7	798 046.1	22 272 801.7	522.9
河 南	24 470 210.3	2 924 567.5	21 404 998.7	140 644.2
湖 北	12 109 586.8	223 206.9	11 881 464.6	4 915.3
湖 南	10 650 132.3	803 422.7	9 753 333.5	93 376.2
广 东	29 718 926.1	9 994 567.9	19 724 358.2	0.0
广 西	9 435 470.4	4 007 100.2	5 427 339.2	1 031.0
海 南	987 148.3	453 990.4	532 488.5	669.4
重 庆	8 996 420.6	5 115 045.9	3 876 063.4	5 311.3
四 川	17 258 494.7	5 787 833.4	11 457 732.5	12 928.7
贵 州	5 637 143.1	971 556.0	4 651 576.0	14 011.1
云 南	16 694 096.8	10 515 056.9	6 179 039.9	0.0
西 藏	1 447 382.9	282 517.6	1 164 674.6	190.6
陕 西	15 445 423.6	5 222 620.2	10 203 578.8	19 224.6
甘 肃	6 600 642.5	558 938.2	6 021 588.5	20 115.8
青 海	1 242 346.7	2 712.9	1 239 633.8	0.0
宁 夏	750 397.8	0.0	749 662.2	735.6
新 疆	5 779 812.9	235 936.0	5 543 876.9	0.0

（续）

地区	经营性固定资产（万元）			
	合计数	组级	村级	镇级
全　国	99 529 104.8	13 650 987.3	79 483 320.2	6 394 797.4
北　京	7 363 102.4	166.4	5 161 894.6	2 201 041.4
天　津	2 064 623.2	0.0	2 064 623.2	0.0
河　北	2 773 700.4	7 660.7	2 756 880.7	9 159.0
山　西	1 971 400.9	52 502.8	1 918 898.1	0.0
内蒙古	761 552.4	43 042.6	718 509.8	0.0
辽　宁	981 888.8	3 700.4	932 694.3	45 494.1
吉　林	393 854.8	18 802.0	374 687.8	365.0
黑龙江	1 124 461.3	24.7	1 124 436.5	0.0
上　海	6 816 314.3	45 668.8	3 009 478.4	3 761 167.1
江　苏	7 932 766.4	118 612.0	7 524 854.5	289 299.9
浙　江	11 304 807.8	0.0	11 304 807.8	0.0
安　徽	2 153 949.9	38 803.7	2 095 942.1	19 204.1
福　建	2 300 142.5	125 174.3	2 174 444.7	523.5
江　西	1 381 626.9	160 379.4	1 200 832.1	20 415.4
山　东	8 530 405.4	210 906.2	8 319 115.3	384.0
河　南	6 833 334.8	1 610 866.1	5 205 167.9	17 300.9
湖　北	2 543 498.0	98 634.4	2 444 197.0	666.6
湖　南	1 199 482.1	66 937.2	1 114 620.6	17 924.3
广　东	14 781 384.6	5 280 719.4	9 500 665.2	0.0
广　西	1 525 166.0	595 113.6	929 522.4	530.0
海　南	182 997.9	70 469.1	112 516.8	12.0
重　庆	866 714.8	548 284.8	316 624.5	1 805.4
四　川	2 066 043.8	683 563.1	1 382 478.7	2.0
贵　州	1 051 855.2	232 858.2	817 323.7	1 673.3
云　南	3 177 021.3	1 747 890.3	1 429 131.0	0.0
西　藏	452 003.2	207 364.6	244 589.8	48.8
陕　西	3 727 204.3	1 488 947.0	2 233 301.4	4 955.9
甘　肃	829 816.2	137 423.3	690 180.3	2 212.6
青　海	387 500.1	1 720.6	385 779.4	0.0
宁　夏	263 505.4	0.0	262 893.4	612.0
新　疆	1 786 979.8	54 751.5	1 732 228.3	0.0

（续）

地区	固定资产清理（万元）			
	合计数	组级	村级	镇级
全　国	**1 165 953.5**	**96 025.7**	**822 423.8**	**247 504.0**
北　京	383 607.4	0.0	185 092.5	198 514.9
天　津	36 831.7	0.0	36 831.7	0.0
河　北	13 650.4	281.9	13 373.5	−5.0
山　西	3 017.6	206.0	2 811.5	0.0
内蒙古	5 174.2	0.0	5 174.2	0.0
辽　宁	1 976.2	2.0	2 510.2	−536.0
吉　林	5 598.0	0.0	5 598.0	0.0
黑龙江	790.6	0.0	790.6	0.0
上　海	121 323.9	−43.4	72 064.0	49 303.3
江　苏	7 553.9	364.8	7 007.3	181.8
浙　江	313.9	0.0	313.9	0.0
安　徽	30 295.6	344.9	29 950.8	0.0
福　建	8 550.8	198.1	8 384.1	−31.3
江　西	3 078.4	274.8	2 770.7	33.0
山　东	−9 016.4	893.5	−9 910.0	0.0
河　南	22 484.0	302.5	22 159.8	21.8
湖　北	41 573.7	0.0	41 573.6	0.0
湖　南	50 689.5	3 495.1	47 194.4	0.0
广　东	104 125.9	52 113.6	52 012.3	0.0
广　西	39 257.8	5 547.7	33 710.1	0.0
海　南	24.6	23.0	1.6	0.0
重　庆	29 359.4	3 797.0	25 562.4	0.0
四　川	144 211.4	14 037.3	130 174.1	0.0
贵　州	84 473.5	6 291.8	78 181.7	0.0
云　南	12 953.3	5 410.2	7 543.0	0.0
西　藏	2 866.9	229.1	2 637.8	0.0
陕　西	7 660.6	1 752.0	5 908.6	0.0
甘　肃	4 261.1	475.6	3 763.8	21.7
青　海	456.4	0.0	456.4	0.0
宁　夏	1 159.3	0.0	1 159.3	0.0
新　疆	7 650.0	28.0	7 622.0	0.0

（续）

地区	在建工程（万元）			
	合计数	组级	村级	镇级
全　国	**79 897 062.4**	**2 687 215.9**	**69 837 227.0**	**7 372 619.4**
北　京	6 797 791.4	0.0	2 656 378.5	4 141 413.0
天　津	1 579 735.4	0.0	1 579 735.4	0.0
河　北	2 188 866.6	632.7	2 181 137.3	7 096.6
山　西	5 157 080.4	161 621.3	4 995 459.1	0.0
内蒙古	1 024 071.4	2 448.9	1 021 622.5	0.0
辽　宁	819 774.9	5 514.2	810 202.7	4 058.0
吉　林	325 470.8	4 836.0	320 634.9	0.0
黑龙江	192 006.4	0.0	192 006.4	0.0
上　海	3 999 714.6	21 512.3	1 332 645.9	2 645 556.4
江　苏	2 799 221.1	13 341.1	2 242 631.3	543 248.8
浙　江	21 384 590.9	0.0	21 384 590.9	0.0
安　徽	311 655.2	1 649.9	309 117.8	887.4
福　建	2 988 738.0	10 265.7	2 969 286.5	9 185.8
江　西	816 000.2	30 054.4	777 878.4	8 067.3
山　东	14 176 847.1	76 471.3	14 100 339.1	36.7
河　南	1 229 054.2	83 928.1	1 144 889.3	236.8
湖　北	1 582 511.2	13 478.0	1 569 033.2	0.0
湖　南	1 645 683.5	3 693.0	1 634 288.4	7 702.0
广　东	6 809 460.4	1 284 540.1	5 524 920.3	0.0
广　西	332 757.2	55 605.1	277 152.1	0.0
海　南	36 023.0	13 865.8	22 157.3	0.0
重　庆	185 688.6	14 752.7	170 617.3	318.7
四　川	609 934.1	47 180.9	562 733.3	19.9
贵　州	221 050.1	15 367.9	205 682.2	0.0
云　南	892 593.9	615 375.5	277 218.4	0.0
西　藏	66 237.3	34 967.8	31 269.5	0.0
陕　西	487 565.7	125 819.9	361 193.0	552.9
甘　肃	427 863.2	35 955.2	387 668.9	4 239.1
青　海	437 755.8	3.1	437 752.7	0.0
宁　夏	152 316.8	0.0	152 316.8	0.0
新　疆	219 002.8	14 335.0	204 667.7	0.0

（续）

地区	经营性在建工程（万元）			
	合计数	组级	村级	镇级
全　国	**24 533 755.2**	**1 041 356.6**	**18 272 568.9**	**5 219 829.7**
北　京	5 649 238.8	0.0	1 661 246.6	3 987 992.2
天　津	639 957.1	0.0	639 957.1	0.0
河　北	774 267.7	15.0	772 237.4	2 015.2
山　西	752 353.4	1 435.2	750 918.2	0.0
内蒙古	36 652.4	322.9	36 329.4	0.0
辽　宁	99 524.2	159.7	98 147.1	1 217.4
吉　林	79 487.6	318.7	79 168.9	0.0
黑龙江	48 348.8	0.0	48 348.8	0.0
上　海	2 185 338.2	19 614.0	942 450.6	1 223 273.6
江　苏	787 502.6	10 989.1	773 993.5	2 520.1
浙　江	5 601 185.8	0.0	5 601 185.8	0.0
安　徽	56 370.9	231.8	55 978.4	160.7
福　建	285 425.5	482.9	284 942.6	0.0
江　西	165 443.2	5 514.6	158 686.9	1 241.7
山　东	2 278 386.8	1 831.8	2 276 518.2	36.7
河　南	413 719.6	31 302.9	382 416.7	0.0
湖　北	420 784.0	7 407.8	413 376.2	0.0
湖　南	154 127.9	293.3	153 494.6	340.0
广　东	3 131 366.0	743 871.8	2 387 494.2	0.0
广　西	87 946.1	28 413.4	59 532.7	0.0
海　南	9 531.6	8 331.2	1 200.4	0.0
重　庆	25 147.3	485.8	24 342.7	318.7
四　川	111 080.7	9 322.0	101 758.7	0.0
贵　州	35 157.6	8 468.7	26 689.0	0.0
云　南	77 040.3	42 750.6	34 289.7	0.0
西　藏	48 107.6	23 447.2	24 660.5	0.0
陕　西	262 390.6	70 406.0	191 536.6	448.0
甘　肃	107 763.3	19 502.8	87 995.2	265.3
青　海	43 992.3	3.1	43 989.2	0.0
宁　夏	121 443.6	0.0	121 443.6	0.0
新　疆	44 673.9	6 434.4	38 239.6	0.0

（续）

地区	其他资产（万元）			
	合计数	组级	村级	镇级
全　　国	**13 011 251.5**	**1 761 440.8**	**9 453 811.6**	**1 795 999.1**
北　　京	2 636 775.6	0.0	2 174 602.9	462 172.7
天　　津	158 657.6	0.0	158 657.6	0.0
河　　北	503 995.3	130.7	503 740.7	123.9
山　　西	257 859.9	601.3	257 258.6	0.0
内　蒙古	52 142.3	599.3	51 543.0	0.0
辽　　宁	175 723.6	231.3	164 597.0	10 895.2
吉　　林	70 845.9	258.8	70 587.1	0.0
黑　龙江	67 068.7	0.0	67 068.7	0.0
上　　海	1 202 631.7	200.7	312 357.3	890 073.7
江　　苏	887 907.0	661.8	512 138.5	375 106.7
浙　　江	816 662.4	0.0	816 662.4	0.0
安　　徽	71 176.7	1 133.3	68 997.8	1 045.6
福　　建	37 045.2	234.2	36 810.0	1.0
江　　西	135 144.9	29 714.8	58 069.2	47 360.9
山　　东	882 286.0	343.3	881 942.6	0.0
河　　南	205 726.8	24 778.1	178 691.2	2 257.5
湖　　北	130 845.0	926.4	129 918.6	0.0
湖　　南	373 560.4	12 569.8	357 380.3	3 610.4
广　　东	3 025 694.0	1 057 622.4	1 968 071.6	0.0
广　　西	180 010.2	62 295.3	117 714.9	0.0
海　　南	18 104.0	6 192.0	11 857.1	54.9
重　　庆	32 113.4	3 883.3	28 170.1	60.0
四　　川	534 882.6	395 759.3	139 029.6	93.6
贵　　州	229 421.7	18 031.5	211 334.2	56.0
云　　南	142 163.3	88 533.2	53 630.1	0.0
西　　藏	22 708.9	2 042.7	20 666.2	0.0
陕　　西	115 498.2	54 370.5	60 484.1	643.6
甘　　肃	23 191.2	125.5	20 622.4	2 443.3
青　　海	5 389.7	0.0	5 389.7	0.0
宁　　夏	6 572.5	0.0	6 572.5	0.0
新　　疆	9 446.7	201.4	9 245.3	0.0

（续）

地 区	无形资产（万元）			
	合计数	组级	村级	镇级
全　　国	7 837 165.5	1 440 584.9	5 765 972.8	630 607.8
北　　京	395 720.2	0.0	135 327.3	260 392.9
天　　津	138 919.5	0.0	138 919.5	0.0
河　　北	393 825.2	0.0	393 701.2	123.9
山　　西	16 010.8	100.9	15 909.9	0.0
内 蒙 古	44 428.2	13.8	44 414.4	0.0
辽　　宁	143 396.4	0.0	133 767.3	9 629.1
吉　　林	19 116.7	77.3	19 039.4	0.0
黑 龙 江	66 395.3	0.0	66 395.3	0.0
上　　海	526 470.9	150.7	232 161.7	294 158.5
江　　苏	492 406.6	656.6	473 969.4	17 780.7
浙　　江	791 401.0	0.0	791 401.0	0.0
安　　徽	32 542.8	254.5	31 553.6	734.7
福　　建	20 480.4	42.2	20 437.2	1.0
江　　西	77 016.8	2 150.4	29 577.3	45 289.0
山　　东	811 035.5	343.3	810 692.2	0.0
河　　南	75 657.5	9 848.9	65 808.5	0.0
湖　　北	65 589.3	922.5	64 666.8	0.0
湖　　南	258 654.6	302.1	258 352.5	0.0
广　　东	2 873 946.1	1 015 651.3	1 858 294.8	0.0
广　　西	5 874.8	1 163.0	4 711.8	0.0
海　　南	3 758.6	1.5	3 704.4	52.7
重　　庆	15 626.4	103.4	15 523.0	0.0
四　　川	363 449.1	343 807.3	19 631.3	10.5
贵　　州	55 162.8	327.8	54 779.0	56.0
云　　南	80 948.1	57 924.3	23 023.8	0.0
西　　藏	17 902.8	1 369.6	16 533.2	0.0
陕　　西	28 153.4	5 353.1	22 795.3	5.0
甘　　肃	15 902.9	20.2	13 508.9	2 373.8
青　　海	2 385.4	0.0	2 385.4	0.0
宁　　夏	4 449.4	0.0	4 449.4	0.0
新　　疆	538.3	0.2	538.1	0.0

(续)

地区	资产总计（万元）			
	合计数	组级	村级	镇级
全 国	**822 091 079.3**	**96 143 659.0**	**643 058 860.6**	**82 888 559.7**
北 京	99 144 189.6	97 341.6	62 011 180.0	37 035 667.9
天 津	13 734 151.4	0.0	13 734 151.4	0.0
河 北	31 511 519.9	146 372.3	31 257 307.8	107 839.7
山 西	29 828 580.8	1 032 399.7	28 788 222.0	7 959.2
内 蒙 古	8 592 085.2	362 347.6	8 229 737.7	0.0
辽 宁	11 168 113.4	153 169.5	10 675 179.9	339 764.0
吉 林	6 083 222.9	315 591.3	5 763 744.1	3 887.4
黑 龙 江	7 557 093.3	13 306.8	7 543 786.4	0.0
上 海	57 933 405.7	589 140.5	19 860 090.6	37 484 174.6
江 苏	51 716 260.5	2 063 776.0	42 929 252.8	6 723 231.8
浙 江	82 057 900.9	0.0	82 057 900.9	0.0
安 徽	16 679 285.0	646 075.0	15 980 731.6	52 478.4
福 建	19 066 334.7	706 555.1	18 306 811.9	52 967.7
江 西	12 114 303.5	3 181 776.9	8 485 885.6	446 641.0
山 东	73 613 155.2	1 207 383.6	72 405 150.1	621.4
河 南	34 554 303.0	4 204 689.6	30 162 763.8	186 849.6
湖 北	21 365 625.6	351 708.8	21 008 795.1	5 121.7
湖 南	18 253 377.6	1 287 419.2	16 716 957.3	249 001.1
广 东	94 365 196.7	32 783 432.9	61 581 763.8	0.0
广 西	13 436 155.9	5 570 599.1	7 863 770.7	1 786.2
海 南	2 708 903.4	1 033 136.1	1 671 172.6	4 594.6
重 庆	11 778 474.3	5 945 705.1	5 826 018.5	6 750.7
四 川	23 985 864.1	7 876 822.3	16 089 737.8	19 304.0
贵 州	10 338 731.9	2 195 038.2	8 111 685.9	32 007.8
云 南	24 263 769.8	15 402 604.2	8 861 165.6	0.0
西 藏	2 990 726.2	871 253.5	2 119 269.7	203.1
陕 西	21 280 519.5	6 842 750.6	14 399 439.0	38 330.0
甘 肃	10 039 651.6	731 258.9	9 220 458.4	87 934.3
青 海	2 456 495.9	4 001.1	2 452 494.8	0.0
宁 夏	1 586 454.1	0.0	1 585 010.6	1 443.5
新 疆	7 887 227.7	528 003.7	7 359 224.0	0.0

（续）

地区	流动负债合计（万元）			
	合计数	组级	村级	镇级
全 国	**233 294 268.6**	**11 808 469.1**	**171 145 979.4**	**50 339 820.0**
北 京	50 258 488.6	34 249.9	27 681 566.1	22 542 672.6
天 津	6 782 559.7	0.0	6 782 559.7	0.0
河 北	9 687 332.7	8 439.8	9 660 449.5	18 443.4
山 西	12 439 346.5	273 391.1	12 161 573.0	4 382.5
内蒙古	2 023 192.2	14 691.1	2 008 501.0	0.0
辽 宁	3 852 080.6	33 201.8	3 725 523.6	93 355.2
吉 林	1 682 049.6	80 914.6	1 600 909.3	225.7
黑龙江	1 691 485.8	388.0	1 691 097.8	0.0
上 海	28 132 610.4	131 979.5	6 295 988.5	21 704 642.3
江 苏	16 254 106.2	270 444.5	10 258 959.6	5 724 702.1
浙 江	20 402 343.7	0.0	20 402 343.7	0.0
安 徽	1 357 761.9	5 378.6	1 337 010.8	15 372.5
福 建	3 461 107.2	207 147.1	3 241 833.2	12 126.9
江 西	2 544 503.5	44 922.8	2 338 356.3	161 224.4
山 东	27 978 021.5	191 453.5	27 786 485.6	82.4
河 南	4 645 294.8	398 037.1	4 243 691.5	3 566.2
湖 北	1 864 724.1	30 546.7	1 834 100.7	76.7
湖 南	2 755 428.3	17 992.8	2 696 906.6	40 528.9
广 东	26 781 513.4	8 550 846.7	18 230 666.8	0.0
广 西	370 503.7	70 584.7	299 919.0	0.0
海 南	134 367.1	19 401.4	114 661.2	304.6
重 庆	661 992.3	93 678.6	567 328.9	984.8
四 川	2 413 108.2	279 746.8	2 133 193.0	168.3
贵 州	476 836.5	7 269.9	466 053.2	3 513.3
云 南	1 208 745.7	616 807.5	591 938.3	0.0
西 藏	157 886.8	65 298.4	92 588.4	0.0
陕 西	1 456 059.9	241 521.4	1 212 264.6	2 273.9
甘 肃	648 855.9	43 218.6	594 464.1	11 173.2
青 海	238 220.2	442.7	237 777.5	0.0
宁 夏	272 994.4	0.0	272 994.4	0.0
新 疆	660 747.3	76 473.8	584 273.5	0.0

（续）

地区	短期借款（万元）			
	合计数	组级	村级	镇级
全　国	13 193 837. 2	298 565. 1	11 878 195. 1	1 017 077. 0
北　京	800 918. 5	0. 0	506 266. 0	294 652. 4
天　津	201 905. 0	0. 0	201 905. 0	0. 0
河　北	568 754. 3	323. 7	570 627. 4	−2 196. 9
山　西	514 081. 1	3 826. 5	510 171. 3	83. 2
内蒙古	157 783. 2	753. 3	157 029. 9	0. 0
辽　宁	390 384. 5	1 203. 4	366 181. 0	23 000. 0
吉　林	117 265. 8	3 960. 3	113 305. 5	0. 0
黑龙江	133 912. 3	0. 0	133 912. 3	0. 0
上　海	556 434. 5	724. 6	163 173. 0	392 536. 8
江　苏	1 178 379. 7	3 361. 2	872 681. 4	302 337. 1
浙　江	2 649 627. 1	0. 0	2 649 627. 1	0. 0
安　徽	102 390. 6	160. 3	101 450. 1	780. 2
福　建	118 807. 2	2 099. 4	115 953. 6	754. 3
江　西	112 040. 9	1 347. 9	106 689. 2	4 003. 9
山　东	3 279 149. 8	16 988. 2	3 262 137. 7	23. 9
河　南	407 244. 5	16 218. 6	390 887. 2	138. 7
湖　北	218 268. 3	1 238. 4	217 008. 0	21. 9
湖　南	198 035. 2	122. 3	197 739. 2	173. 7
广　东	939 012. 2	171 873. 4	767 138. 8	0. 0
广　西	2 822. 3	277. 1	2 545. 2	0. 0
海　南	157. 0	46. 6	110. 4	0. 0
重　庆	20 031. 0	1 006. 4	18 336. 8	687. 7
四　川	184 984. 1	6 633. 7	178 350. 5	0. 0
贵　州	27 309. 7	948. 5	26 361. 2	0. 0
云　南	64 232. 5	27 362. 6	36 869. 9	0. 0
西　藏	20 009. 1	19 778. 5	230. 6	0. 0
陕　西	106 134. 3	9 503. 2	96 631. 1	0. 0
甘　肃	33 685. 0	1 344. 8	32 260. 2	80. 0
青　海	1 158. 4	0. 0	1 158. 4	0. 0
宁　夏	31 103. 1	0. 0	31 103. 1	0. 0
新　疆	57 816. 0	7 462. 1	50 353. 9	0. 0

（续）

地区	应付款项（万元）			
	合计数	组级	村级	镇级
全　国	**217 229 277.6**	**10 912 487.1**	**157 062 428.8**	**49 254 361.6**
北　京	49 350 619.6	34 249.9	27 112 211.2	22 204 158.5
天　津	6 566 873.4	0.0	6 566 873.4	0.0
河　北	8 952 496.8	7 545.9	8 924 332.6	20 618.2
山　西	11 955 582.6	266 545.0	11 684 738.3	4 299.2
内蒙古	1 906 570.3	13 877.0	1 892 693.3	0.0
辽　宁	3 440 962.1	31 933.0	3 339 014.1	70 015.1
吉　林	1 556 227.9	76 640.8	1 479 361.4	225.7
黑龙江	1 544 094.6	388.0	1 543 706.6	0.0
上　海	27 547 086.7	129 262.2	6 124 586.8	21 293 237.7
江　苏	14 856 980.7	264 327.3	9 174 043.5	5 418 610.0
浙　江	17 136 615.9	0.0	17 136 615.9	0.0
安　徽	1 250 411.5	5 118.7	1 230 600.2	14 692.5
福　建	3 308 430.3	205 175.1	3 091 937.1	11 318.2
江　西	2 422 398.4	42 968.2	2 221 841.3	157 589.0
山　东	24 151 115.0	161 880.6	23 989 175.6	58.8
河　南	4 113 664.5	354 188.9	3 756 425.5	3 050.0
湖　北	1 616 620.2	28 831.4	1 587 737.2	51.6
湖　南	2 538 524.7	17 475.7	2 482 014.2	39 034.8
广　东	25 008 008.7	7 869 208.0	17 138 800.8	0.0
广　西	361 313.7	68 504.4	292 809.3	0.0
海　南	133 928.5	19 223.9	114 409.2	295.3
重　庆	634 880.6	93 090.7	541 545.3	244.5
四　川	2 208 184.5	269 469.2	1 938 589.8	125.5
贵　州	444 868.3	5 190.7	436 164.3	3 513.3
云　南	1 102 626.0	562 961.1	539 665.0	0.0
西　藏	137 314.7	45 362.0	91 952.7	0.0
陕　西	1 325 331.3	223 716.4	1 099 447.6	2 167.2
甘　肃	609 031.1	41 496.6	556 478.2	11 056.3
青　海	227 899.5	365.5	227 534.0	0.0
宁　夏	240 916.5	0.0	240 916.5	0.0
新　疆	579 698.9	73 491.0	506 207.9	0.0

（续）

地区	应付工资（万元）			
	合计数	组级	村级	镇级
全 国	**1 230 635.0**	**95 913.8**	**1 070 423.2**	**64 298.1**
北 京	103 190.2	0.0	61 926.5	41 263.7
天 津	19 925.8	0.0	19 925.8	0.0
河 北	77 116.4	16.4	77 078.0	22.0
山 西	58 197.0	763.0	57 434.0	0.0
内 蒙 古	18 867.8	1.0	18 866.8	0.0
辽 宁	55 299.8	535.9	54 423.8	340.1
吉 林	5 387.2	275.7	5 111.5	0.0
黑 龙 江	12 721.8	0.0	12 721.8	0.0
上 海	20 915.0	399.2	2 625.2	17 890.6
江 苏	153 452.6	1 020.0	148 718.8	3 713.8
浙 江	37 073.3	0.0	37 073.3	0.0
安 徽	3 245.7	128.2	3 217.8	−100.2
福 建	21 341.2	21.7	21 315.0	4.4
江 西	9 531.9	528.6	9 298.4	−295.1
山 东	280 833.5	1 865.9	278 967.5	0.0
河 南	30 324.1	747.6	29 567.0	9.5
湖 北	17 260.3	114.6	17 145.7	0.0
湖 南	10 771.4	370.9	9 083.4	1 317.1
广 东	246 046.8	80 708.0	165 338.8	0.0
广 西	1 628.3	470.6	1 157.7	0.0
海 南	122.0	40.1	82.0	0.0
重 庆	1 687.6	210.9	1 424.1	52.5
四 川	9 862.0	234.8	9 584.4	42.8
贵 州	3 779.0	96.6	3 682.4	0.0
云 南	5 626.8	873.9	4 752.9	0.0
西 藏	300.9	152.4	148.5	0.0
陕 西	18 659.0	6 229.9	12 429.1	0.0
甘 肃	3 068.3	48.4	2 983.0	36.9
青 海	1 273.6	0.0	1 273.6	0.0
宁 夏	678.2	0.0	678.2	0.0
新 疆	2 447.5	59.7	2 387.8	0.0

（续）

地区	应付福利费（万元）			
	合计数	组级	村级	镇级
全　国	**1 640 518.7**	**501 503.0**	**1 134 932.3**	**4 083.4**
北　京	3 760.5	0.0	1 162.5	2 598.0
天　津	−6 144.5	0.0	−6 144.5	0.0
河　北	88 965.2	553.8	88 411.4	0.0
山　西	−88 514.1	2 256.6	−90 770.7	0.0
内蒙古	−60 029.1	59.9	−60 089.0	0.0
辽　宁	−34 565.7	−470.5	−34 095.2	0.0
吉　林	3 168.6	37.7	3 130.9	0.0
黑龙江	757.1	0.0	757.1	0.0
上　海	8 174.3	1 593.5	5 603.5	977.3
江　苏	65 293.2	1 736.0	63 515.9	41.2
浙　江	579 027.4	0.0	579 027.4	0.0
安　徽	1 714.1	−28.7	1 742.7	0.0
福　建	12 528.4	−149.0	12 627.4	50.0
江　西	532.2	78.1	527.4	−73.4
山　东	266 923.1	10 718.8	256 204.7	−0.4
河　南	94 061.7	26 882.0	66 811.7	368.0
湖　北	12 575.3	362.3	12 209.8	3.2
湖　南	8 097.0	23.8	8 069.9	3.3
广　东	588 445.7	429 057.3	159 388.4	0.0
广　西	4 739.4	1 332.6	3 406.7	0.0
海　南	159.6	90.7	59.6	9.2
重　庆	5 393.2	−629.4	6 022.6	0.0
四　川	10 077.5	3 409.2	6 668.4	0.0
贵　州	879.5	1 034.2	−154.7	0.0
云　南	36 260.4	25 609.9	10 650.5	0.0
西　藏	262.0	5.5	256.5	0.0
陕　西	5 935.3	2 071.9	3 756.8	106.7
甘　肃	3 071.6	328.8	2 742.8	0.0
青　海	7 888.6	77.2	7 811.4	0.0
宁　夏	296.7	0.0	296.7	0.0
新　疆	20 784.8	−4 539.0	25 323.8	0.0

（续）

地区	长期负债合计（万元）			
	合计数	组级	村级	镇级
全 国	86 289 001.7	4 189 808.5	65 282 100.7	16 817 092.6
北 京	20 687 072.4	2 300.1	11 470 300.3	9 214 472.0
天 津	907 191.4	0.0	907 191.4	0.0
河 北	1 936 660.9	1 876.4	1 933 698.8	1 085.7
山 西	2 436 836.2	51 198.2	2 385 638.0	0.0
内蒙古	324 428.6	15 915.2	308 513.4	0.0
辽 宁	1 016 154.2	13 754.6	902 886.6	99 512.9
吉 林	741 341.6	14 758.9	726 582.7	0.0
黑龙江	701 675.3	28.8	701 646.5	0.0
上 海	12 199 259.4	74 014.2	4 925 119.5	7 200 125.6
江 苏	4 777 997.0	53 283.2	4 465 853.4	258 860.3
浙 江	12 420 868.7	0.0	12 420 868.7	0.0
安 徽	1 002 959.3	1 250.5	997 652.1	4 056.7
福 建	3 611 793.9	29 769.0	3 580 086.9	1 938.0
江 西	765 995.7	43 774.9	712 237.6	9 983.1
山 东	3 831 078.6	94 336.6	3 736 742.1	0.0
河 南	1 453 047.7	117 857.4	1 334 256.5	933.9
湖 北	1 961 658.6	1 868.9	1 959 766.7	23.0
湖 南	993 747.3	11 879.5	979 621.9	2 245.9
广 东	8 948 033.5	2 633 000.9	6 315 032.6	0.0
广 西	320 340.5	156 406.4	163 934.1	0.0
海 南	233 127.5	8 649.8	224 344.2	133.5
重 庆	547 272.9	47 494.3	499 494.9	283.7
四 川	1 137 628.2	136 542.7	1 000 387.3	698.2
贵 州	299 446.4	17 537.6	281 908.8	0.0
云 南	763 825.9	401 518.1	362 307.8	0.0
西 藏	259 570.2	70 418.3	189 151.9	0.0
陕 西	603 043.7	114 827.1	486 988.2	1 228.5
甘 肃	793 601.8	14 591.5	757 498.7	21 511.6
青 海	276 546.7	0.0	276 546.7	0.0
宁 夏	94 419.5	0.0	94 419.5	0.0
新 疆	242 378.2	60 955.4	181 422.8	0.0

（续）

地区	长期借款及应付款（万元）			
	合计数	组级	村级	镇级
全　国	**29 152 350.2**	**795 627.7**	**18 385 573.4**	**9 971 149.1**
北　京	10 289 343.9	7.1	5 661 663.1	4 627 673.6
天　津	329 485.4	0.0	329 485.4	0.0
河　北	811 194.6	380.4	809 911.2	903.0
山　西	398 834.0	6 510.9	392 323.0	0.0
内蒙古	57 480.1	15 275.9	42 204.2	0.0
辽　宁	355 951.8	2 797.1	246 029.2	107 125.5
吉　林	112 401.8	4 454.4	107 947.5	0.0
黑龙江	286 525.0	28.8	286 496.1	0.0
上　海	6 256 407.3	−211.3	1 273 310.5	4 983 308.2
江　苏	980 295.1	4 938.8	741 309.3	234 047.1
浙　江	1 850 288.5	0.0	1 850 288.5	0.0
安　徽	210 021.4	546.3	207 075.6	2 399.4
福　建	98 815.8	3 546.9	93 763.8	1 505.1
江　西	133 168.9	5 776.7	118 952.9	8 439.3
山　东	2 107 386.7	6 268.9	2 101 117.8	0.0
河　南	854 486.9	70 023.5	783 726.7	736.6
湖　北	441 824.0	687.7	441 113.3	23.0
湖　南	247 321.3	7 713.5	239 006.9	601.0
广　东	2 279 215.7	553 412.9	1 725 802.8	0.0
广　西	42 501.1	8 162.7	34 338.5	0.0
海　南	2 634.2	970.2	1 530.5	133.5
重　庆	24 887.0	863.0	24 024.1	0.0
四　川	230 218.1	16 753.5	212 865.8	598.8
贵　州	55 804.6	1 700.3	54 104.3	0.0
云　南	80 778.1	21 761.6	59 016.5	0.0
西　藏	53 325.5	7 849.9	45 475.6	0.0
陕　西	187 364.9	43 343.7	143 810.0	211.2
甘　肃	295 347.4	5 680.1	286 223.5	3 443.8
青　海	32 417.0	0.0	32 417.0	0.0
宁　夏	19 119.9	0.0	19 119.9	0.0
新　疆	27 504.3	6 384.2	21 120.1	0.0

（续）

地区	一事一议资金（万元）			
	合计数	组级	村级	镇级
全 国	**1 944 066.6**	**87 665.4**	**1 855 990.9**	**410.2**
北 京	2 596.4	0.0	2 596.4	0.0
天 津	136.2	0.0	136.2	0.0
河 北	66 276.2	49.8	66 220.5	5.9
山 西	68 811.4	5 300.6	63 510.8	0.0
内 蒙 古	71 559.7	156.1	71 403.6	0.0
辽 宁	45 559.7	309.2	45 250.5	0.0
吉 林	12 680.2	324.8	12 355.4	0.0
黑 龙 江	3 605.3	0.0	3 605.3	0.0
上 海	0.0	0.0	0.0	0.0
江 苏	46 928.2	756.0	46 093.0	79.2
浙 江	716 437.4	0.0	716 437.4	0.0
安 徽	35 056.1	149.9	34 906.2	0.0
福 建	136 348.3	128.9	136 154.8	64.5
江 西	16 473.4	4 790.4	11 593.0	90.0
山 东	68 964.0	1 426.1	67 537.9	0.0
河 南	14 523.4	749.2	13 767.4	6.8
湖 北	54 292.4	127.9	54 164.5	0.0
湖 南	46 101.1	649.0	45 436.9	15.1
广 东	75 299.2	15 465.6	59 833.6	0.0
广 西	33 895.1	11 936.4	21 958.7	0.0
海 南	8 741.7	3 043.8	5 697.9	0.0
重 庆	63 855.8	1 816.8	62 039.0	0.0
四 川	99 695.5	10 132.4	89 476.3	86.9
贵 州	74 528.5	11 424.1	63 104.4	0.0
云 南	16 771.6	11 961.3	4 810.3	0.0
西 藏	2 718.7	2 505.4	213.3	0.0
陕 西	24 886.1	3 458.0	21 366.2	61.8
甘 肃	8 976.3	146.6	8 829.7	0.0
青 海	114 467.3	0.0	114 467.3	0.0
宁 夏	4 839.3	0.0	4 839.3	0.0
新 疆	9 042.2	857.0	8 185.2	0.0

（续）

地区	专项应付款（万元）			
	合计数	组级	村级	镇级
全　国	**55 192 584.9**	**3 306 515.4**	**45 040 536.3**	**6 845 533.2**
北　京	10 395 132.1	2 293.0	5 806 040.7	4 586 798.4
天　津	577 569.8	0.0	577 569.8	0.0
河　北	1 059 190.1	1 446.2	1 057 567.1	176.8
山　西	1 969 190.9	39 386.7	1 929 804.2	0.0
内蒙古	195 388.8	483.2	194 905.6	0.0
辽　宁	614 642.7	10 648.3	611 607.0	－7 612.6
吉　林	616 259.5	9 979.7	606 279.8	0.0
黑龙江	411 545.0	0.0	411 545.0	0.0
上　海	5 942 852.0	74 225.5	3 651 809.0	2 216 817.5
江　苏	3 750 773.7	47 588.5	3 678 451.1	24 734.0
浙　江	9 854 142.7	0.0	9 854 142.7	0.0
安　徽	757 881.9	554.3	755 670.4	1 657.2
福　建	3 376 629.8	26 093.1	3 350 168.2	368.4
江　西	616 353.4	33 207.8	581 691.8	1 453.8
山　东	1 654 727.9	86 641.5	1 568 086.5	0.0
河　南	584 037.5	47 084.6	536 762.4	190.5
湖　北	1 465 542.2	1 053.0	1 464 488.9	0.0
湖　南	700 324.8	3 517.0	695 178.1	1 629.8
广　东	6 593 518.6	2 064 122.4	4 529 396.2	0.0
广　西	243 944.3	136 307.3	107 636.9	0.0
海　南	221 751.6	4 635.7	217 115.9	0.0
重　庆	458 530.0	44 814.5	413 431.8	283.7
四　川	807 714.5	109 656.8	698 045.3	12.4
贵　州	169 113.4	4 413.2	164 700.1	0.0
云　南	666 276.2	367 795.2	298 481.0	0.0
西　藏	203 526.0	60 063.0	143 463.0	0.0
陕　西	390 792.8	68 025.3	321 812.0	955.5
甘　肃	489 278.2	8 764.9	462 445.5	18 067.8
青　海	129 662.4	0.0	129 662.4	0.0
宁　夏	70 460.2	0.0	70 460.2	0.0
新　疆	205 831.7	53 714.2	152 117.5	0.0

（续）

地区	征地补偿费（万元）			
	合计数	组级	村级	镇级
全　国	**15 626 194.0**	**2 270 248.7**	**13 001 428.9**	**354 516.4**
北　京	1 572 919.0	0.0	1 454 441.3	118 477.7
天　津	99 251.4	0.0	99 251.4	0.0
河　北	373 403.8	1 334.3	371 929.4	140.1
山　西	326 422.1	2 977.9	323 444.3	0.0
内蒙古	79 556.0	460.1	79 096.0	0.0
辽　宁	340 953.3	6 879.8	344 897.7	−10 824.2
吉　林	457 176.7	7 456.9	449 719.8	0.0
黑龙江	169 329.8	0.0	169 329.8	0.0
上　海	1 950 491.2	32 856.2	1 688 980.0	228 655.0
江　苏	573 665.6	24 409.4	549 256.2	0.0
浙　江	1 346 918.1	0.0	1 346 918.1	0.0
安　徽	200 550.1	495.3	200 054.7	0.0
福　建	1 595 391.9	19 678.2	1 575 713.7	0.0
江　西	307 109.4	23 424.5	283 684.9	0.0
山　东	402 687.8	14 107.3	388 580.5	0.0
河　南	213 237.8	35 901.2	177 336.6	0.0
湖　北	538 685.3	313.6	538 371.6	0.0
湖　南	341 248.7	2 559.1	338 689.6	0.0
广　东	3 233 136.2	1 607 921.9	1 625 214.4	0.0
广　西	187 109.5	132 511.4	54 598.1	0.0
海　南	146 391.3	6 316.1	140 075.2	0.0
重　庆	58 329.2	16 966.6	41 362.5	0.0
四　川	81 434.9	44 142.5	37 292.3	0.0
贵　州	78 183.3	4 222.0	73 961.3	0.0
云　南	195 447.6	140 963.2	54 484.4	0.0
西　藏	72 168.2	54 691.9	17 476.4	0.0
陕　西	155 079.7	46 627.4	108 452.3	0.0
甘　肃	381 295.6	7 407.1	355 820.7	18 067.8
青　海	12 561.7	0.0	12 561.7	0.0
宁　夏	9 470.2	0.0	9 470.2	0.0
新　疆	126 588.7	35 625.0	90 963.7	0.0

（续）

地区	所有者权益合计（万元）			
	合计数	组级	村级	镇级
全　　国	**502 507 118. 2**	**80 145 465. 8**	**406 630 005. 4**	**15 731 647. 1**
北　　京	28 198 628. 5	60 791. 6	22 859 313. 6	5 278 523. 3
天　　津	6 044 400. 3	0. 0	6 044 400. 3	0. 0
河　　北	19 887 614. 7	136 056. 2	19 663 247. 9	88 310. 6
山　　西	14 952 398. 0	707 810. 3	14 241 011. 0	3 576. 7
内　蒙　古	6 244 464. 5	331 741. 2	5 912 723. 2	0. 0
辽　　宁	6 299 878. 6	106 213. 0	6 046 769. 6	146 896. 0
吉　　林	3 659 831. 7	219 917. 9	3 436 252. 1	3 661. 7
黑　龙　江	5 163 932. 2	12 890. 0	5 151 042. 2	0. 0
上　　海	17 601 536. 0	383 146. 8	8 638 982. 6	8 579 406. 6
江　　苏	30 684 157. 4	1 740 048. 3	28 204 439. 7	739 669. 4
浙　　江	49 234 657. 9	0. 0	49 234 657. 9	0. 0
安　　徽	14 318 563. 8	639 445. 9	13 646 068. 6	33 049. 2
福　　建	11 993 433. 6	469 638. 9	11 484 891. 9	38 902. 8
江　　西	8 803 820. 4	3 093 095. 2	5 435 291. 9	275 433. 4
山　　东	41 804 055. 0	921 593. 5	40 881 922. 5	539. 0
河　　南	28 455 959. 0	3 688 795. 1	24 584 814. 4	182 349. 5
湖　　北	17 539 243. 0	319 293. 3	17 214 927. 7	5 022. 0
湖　　南	14 503 095. 0	1 257 546. 9	13 039 321. 8	206 226. 3
广　　东	58 635 649. 8	21 599 585. 3	37 036 064. 4	0. 0
广　　西	12 745 107. 9	5 343 620. 0	7 399 701. 7	1 786. 2
海　　南	2 341 408. 8	1 005 085. 0	1 332 167. 2	4 156. 6
重　　庆	10 569 227. 5	5 804 532. 2	4 759 213. 1	5 482. 2
四　　川	20 435 085. 4	7 460 532. 8	12 956 115. 2	18 437. 4
贵　　州	9 562 780. 8	2 170 230. 7	7 364 055. 6	28 494. 5
云　　南	22 291 198. 2	14 384 278. 6	7 906 919. 5	0. 0
西　　藏	2 573 335. 7	735 593. 1	1 837 539. 6	203. 1
陕　　西	19 221 573. 4	6 486 402. 1	12 700 343. 6	34 827. 6
甘　　肃	8 597 209. 8	673 448. 8	7 868 511. 5	55 249. 5
青　　海	1 941 729. 0	3 558. 4	1 938 170. 6	0. 0
宁　　夏	1 219 040. 2	0. 0	1 217 596. 7	1 443. 5
新　　疆	6 984 102. 1	390 574. 5	6 593 527. 6	0. 0

（续）

地区	资本（万元）			
	合计数	组级	村级	镇级
全 国	**90 986 820.4**	**17 690 015.7**	**69 042 317.4**	**4 254 487.3**
北 京	3 536 684.8	1 396.7	2 779 056.7	756 231.5
天 津	735 884.4	0.0	735 884.4	0.0
河 北	1 940 683.9	13 232.8	1 922 022.3	5 428.8
山 西	2 306 272.9	73 571.2	2 229 657.7	3 044.0
内蒙古	1 195 679.9	53 564.7	1 142 115.2	0.0
辽 宁	1 054 466.6	13 719.4	998 960.2	41 787.0
吉 林	572 683.8	29 983.2	541 363.2	1 337.5
黑龙江	1 109 551.3	444.5	1 109 106.8	0.0
上 海	4 633 554.8	29 243.4	1 868 585.3	2 735 726.1
江 苏	4 405 855.2	137 309.6	3 961 181.4	307 364.2
浙 江	4 351 779.8	0.0	4 351 779.8	0.0
安 徽	2 321 478.6	267 996.8	2 036 527.5	16 954.3
福 建	908 044.6	22 510.4	880 031.4	5 502.8
江 西	2 179 435.9	700 416.7	1 344 935.5	134 083.7
山 东	4 288 688.6	107 629.1	4 181 059.4	0.0
河 南	6 512 161.8	633 498.5	5 779 223.4	99 440.0
湖 北	2 291 406.8	33 491.0	2 257 329.6	586.1
湖 南	2 018 254.9	119 086.8	1 792 893.2	106 274.9
广 东	12 091 270.2	4 859 129.7	7 232 140.5	0.0
广 西	3 986 017.4	1 896 591.0	2 088 924.4	502.0
海 南	300 328.8	112 314.2	187 943.6	70.9
重 庆	1 831 618.6	980 160.5	851 167.1	291.0
四 川	7 226 602.4	2 279 445.4	4 942 794.7	4 362.2
贵 州	5 012 775.0	924 827.5	4 062 503.1	25 444.3
云 南	4 617 126.0	2 796 837.7	1 820 288.3	0.0
西 藏	106 559.9	36 285.0	70 274.9	0.0
陕 西	3 987 777.1	1 347 108.8	2 631 705.9	8 962.3
甘 肃	2 345 714.9	196 470.0	2 148 431.5	813.3
青 海	371 435.4	548.7	370 886.6	0.0
宁 夏	388 235.0	0.0	387 954.8	280.2
新 疆	2 358 791.0	23 202.0	2 335 580.0	0.0

（续）

地区	政府拨款等形成资产转增资本（万元）			
	合计数	组级	村级	镇级
全 国	**11 981 526.2**	**1 624 724.4**	**10 110 307.5**	**246 494.3**
北 京	62 501.0	0.0	19 781.6	42 719.4
天 津	35 803.4	0.0	35 803.4	0.0
河 北	432 651.4	263.0	432 388.4	0.0
山 西	283 602.3	13 073.5	270 061.1	467.7
内蒙古	392 949.1	2 369.3	390 579.9	0.0
辽 宁	76 015.7	387.3	75 628.4	0.0
吉 林	25 911.5	1 028.7	24 758.9	123.9
黑龙江	170 325.6	94.7	170 230.9	0.0
上 海	61 604.8	799.9	6 667.7	54 137.1
江 苏	235 628.4	861.4	106 088.5	128 678.4
浙 江	136 604.5	0.0	136 604.5	0.0
安 徽	513 163.9	12 861.7	500 033.5	268.6
福 建	1 136 290.0	10.2	1 136 279.8	0.0
江 西	283 992.2	37 625.3	240 891.1	5 475.8
山 东	260 644.6	18 066.2	242 578.4	0.0
河 南	1 375 212.7	96 239.8	1 274 459.9	4 513.0
湖 北	260 745.4	170.7	260 574.7	0.0
湖 南	331 797.7	9 098.4	318 929.5	3 769.8
广 东	1 227 571.8	187 727.8	1 039 844.0	0.0
广 西	577 602.6	239 635.5	337 967.1	0.0
海 南	12 135.4	2 475.8	9 659.5	0.0
重 庆	220 534.6	81 416.9	139 117.7	0.0
四 川	1 640 369.6	483 179.5	1 153 534.9	3 655.2
贵 州	542 958.5	58 730.7	484 145.3	82.5
云 南	536 678.8	296 255.6	240 423.2	0.0
西 藏	64 973.2	775.5	64 197.7	0.0
陕 西	394 817.3	75 754.2	316 460.2	2 602.8
甘 肃	335 930.0	3 838.3	332 091.7	0.0
青 海	55 053.2	0.0	55 053.2	0.0
宁 夏	9 072.5	0.0	9 072.5	0.0
新 疆	288 384.6	1 984.4	286 400.2	0.0

（续）

地区	公积公益金（万元）			
	合计数	组级	村级	镇级
全　国	**384 322 955.2**	**55 248 463.2**	**318 322 123.8**	**10 752 368.2**
北　京	26 552 953.8	60 959.1	22 362 416.5	4 129 578.1
天　津	5 979 330.7	0.0	5 979 330.7	0.0
河　北	17 834 872.8	117 938.2	17 667 439.3	49 495.3
山　西	12 168 047.2	537 017.0	11 630 497.5	532.7
内蒙古	4 726 332.4	256 851.5	4 469 480.9	0.0
辽　宁	6 216 278.7	85 484.7	5 895 616.4	235 177.6
吉　林	3 173 189.4	182 659.5	2 988 209.5	2 320.4
黑龙江	4 080 472.0	11 829.2	4 068 642.7	0.0
上　海	10 708 242.9	244 986.0	5 323 233.0	5 140 023.8
江　苏	25 975 661.1	1 575 531.7	23 612 590.0	787 539.4
浙　江	42 857 898.1	0.0	42 857 898.1	0.0
安　徽	9 507 095.4	290 453.3	9 201 370.2	15 271.9
福　建	10 031 918.8	280 184.1	9 719 365.8	32 369.0
江　西	5 325 850.0	2 001 912.3	3 240 614.8	83 322.9
山　东	36 928 888.3	718 534.8	36 209 814.4	539.0
河　南	18 718 266.4	2 470 781.3	16 168 864.3	78 620.7
湖　北	13 900 013.3	212 861.5	13 682 755.8	4 396.0
湖　南	9 734 540.7	967 045.1	8 689 477.6	78 018.0
广　东	42 645 421.1	14 463 850.5	28 181 570.7	0.0
广　西	8 071 790.2	3 125 140.7	4 945 365.3	1 284.2
海　南	1 113 202.2	488 629.5	621 183.8	3 389.0
重　庆	8 141 194.7	4 624 539.3	3 511 138.0	5 517.5
四　川	12 464 641.5	4 954 563.7	7 497 749.3	12 328.5
贵　州	3 915 863.6	1 102 301.0	2 811 344.6	2 218.0
云　南	16 188 659.0	10 700 249.0	5 488 410.1	0.0
西　藏	1 815 596.2	307 311.0	1 508 092.7	192.4
陕　西	13 306 355.9	4 729 148.5	8 553 431.5	23 775.9
甘　肃	5 844 283.7	389 601.1	5 389 240.5	65 442.1
青　海	1 429 884.5	3 002.7	1 426 881.8	0.0
宁　夏	731 819.4	0.0	730 803.7	1 015.7
新　疆	4 234 391.3	345 096.8	3 889 294.6	0.0

（续）

地区	征地补偿费转入（万元）			
	合计数	组级	村级	镇级
全 国	**59 269 067.3**	**6 664 649.2**	**51 959 079.1**	**645 339.0**
北 京	12 358 662.4	58 809.5	11 716 284.4	583 568.6
天 津	1 308 125.6	0.0	1 308 125.6	0.0
河 北	1 680 883.3	3 984.5	1 655 464.1	21 434.6
山 西	1 573 857.8	40 406.3	1 533 451.5	0.0
内 蒙 古	1 263 145.2	15 191.1	1 247 954.1	0.0
辽 宁	2 129 533.8	19 007.5	2 110 526.3	0.0
吉 林	949 790.4	80 350.7	869 439.7	0.0
黑 龙 江	1 004 982.8	11 108.1	993 874.6	0.0
上 海	975 449.2	24 898.6	937 262.0	13 288.6
江 苏	1 758 496.9	407 357.5	1 351 050.1	89.3
浙 江	7 066 829.6	0.0	7 066 829.6	0.0
安 徽	357 027.5	28 648.6	328 378.9	0.0
福 建	2 431 683.7	104 114.1	2 327 464.7	104.9
江 西	192 655.1	32 245.4	160 282.9	126.8
山 东	7 522 621.7	18 965.2	7 503 656.4	0.0
河 南	803 078.8	197 302.1	605 662.7	114.0
湖 北	1 379 326.1	29 519.7	1 349 806.4	0.0
湖 南	201 768.2	9 853.5	191 914.7	0.0
广 东	10 923 999.7	3 946 571.4	6 977 428.4	0.0
广 西	221 466.0	135 898.5	85 567.5	0.0
海 南	80 112.8	38 556.7	41 556.0	0.0
重 庆	76 360.0	31 909.4	44 450.5	0.0
四 川	209 984.9	159 610.6	50 374.3	0.0
贵 州	181 452.8	21 857.2	159 595.6	0.0
云 南	1 222 002.1	932 526.1	289 476.0	0.0
西 藏	231 259.6	159 041.3	72 218.3	0.0
陕 西	214 734.9	87 255.7	127 479.3	0.0
甘 肃	615 996.4	18 348.2	571 036.0	26 612.2
青 海	58 850.0	90.7	58 759.3	0.0
宁 夏	109 011.0	0.0	109 011.0	0.0
新 疆	165 919.0	51 220.9	114 698.1	0.0

（续）

地区	未分配收益（万元）			
	合计数	组级	村级	镇级
全　国	**27 197 342.6**	**7 206 986.9**	**19 265 564.2**	**724 791.6**
北　京	−1 891 010.1	−1 564.2	−2 282 159.6	392 713.7
天　津	−670 814.8	0.0	−670 814.8	0.0
河　北	112 058.0	4 885.2	73 786.3	33 386.4
山　西	478 077.9	97 222.1	380 855.8	0.0
内蒙古	322 452.1	21 325.0	301 127.1	0.0
辽　宁	−970 866.8	7 008.9	−847 806.9	−130 068.7
吉　林	−86 041.6	7 275.2	−93 320.5	3.7
黑龙江	−26 091.1	616.2	−26 707.3	0.0
上　海	2 259 738.3	108 917.3	1 447 164.2	703 656.8
江　苏	302 641.1	27 207.0	630 668.3	−355 234.2
浙　江	2 024 980.1	0.0	2 024 980.1	0.0
安　徽	2 489 989.8	80 995.8	2 408 171.0	823.0
福　建	1 053 470.1	166 944.4	885 494.7	1 031.0
江　西	1 298 534.5	390 766.1	849 741.7	58 026.7
山　东	586 478.2	95 429.6	491 048.6	0.0
河　南	3 225 530.8	584 515.3	2 636 726.7	4 288.8
湖　北	1 347 822.9	72 940.7	1 274 842.3	39.9
湖　南	2 750 299.4	171 414.9	2 556 951.0	21 933.4
广　东	3 898 958.5	2 276 605.2	1 622 353.3	0.0
广　西	687 300.3	321 888.3	365 412.1	0.0
海　南	927 877.7	404 141.3	523 039.8	696.7
重　庆	596 414.2	199 832.5	396 908.0	−326.3
四　川	743 841.5	226 523.6	515 571.1	1 746.8
贵　州	634 142.3	143 102.2	490 207.9	832.2
云　南	1 485 413.1	887 192.0	598 221.2	0.0
西　藏	651 179.7	391 997.1	259 171.9	10.6
陕　西	1 927 440.3	410 144.8	1 515 206.2	2 089.4
甘　肃	407 211.2	87 377.7	330 839.5	−11 005.9
青　海	140 409.2	7.0	140 402.2	0.0
宁　夏	98 985.8	0.0	98 838.2	147.6
新　疆	390 919.8	22 275.7	368 644.1	0.0

（续）

地区	负债及所有者权益合计（万元）			
	合计数	组级	村级	镇级
全 国	**822 091 079. 3**	**96 143 659. 0**	**643 058 860. 6**	**82 888 559. 7**
北 京	99 144 189. 6	97 341. 5	62 011 180. 0	37 035 667. 9
天 津	13 734 151. 4	0. 0	13 734 151. 4	0. 0
河 北	31 511 519. 9	146 372. 3	31 257 307. 8	107 839. 7
山 西	29 828 580. 8	1 032 399. 7	28 788 222. 0	7 959. 2
内 蒙 古	8 592 085. 2	362 347. 6	8 229 737. 7	0. 0
辽 宁	11 168 113. 4	153 169. 5	10 675 179. 9	339 764. 0
吉 林	6 083 222. 9	315 591. 3	5 763 744. 1	3 887. 4
黑 龙 江	7 557 093. 3	13 306. 8	7 543 786. 4	0. 0
上 海	57 933 405. 7	589 140. 5	19 860 090. 6	37 484 174. 6
江 苏	51 716 260. 5	2 063 776. 0	42 929 252. 8	6 723 231. 8
浙 江	82 057 900. 9	0. 0	82 057 900. 9	0. 0
安 徽	16 679 285. 0	646 075. 0	15 980 731. 6	52 478. 4
福 建	19 066 334. 7	706 555. 1	18 306 811. 9	52 967. 7
江 西	12 114 303. 5	3 181 776. 9	8 485 885. 6	446 641. 0
山 东	73 613 155. 2	1 207 383. 6	72 405 150. 1	621. 4
河 南	34 554 303. 0	4 204 689. 6	30 162 763. 8	186 849. 6
湖 北	21 365 625. 6	351 708. 8	21 008 795. 1	5 121. 7
湖 南	18 253 377. 6	1 287 419. 2	16 716 957. 3	249 001. 1
广 东	94 365 196. 7	32 783 432. 9	61 581 763. 8	0. 0
广 西	13 436 155. 9	5 570 599. 1	7 863 770. 7	1 786. 2
海 南	2 708 903. 4	1 033 136. 1	1 671 172. 6	4 594. 6
重 庆	11 778 474. 3	5 945 705. 1	5 826 018. 5	6 750. 7
四 川	23 985 864. 1	7 876 822. 3	16 089 737. 8	19 304. 0
贵 州	10 338 731. 9	2 195 038. 2	8 111 685. 9	32 007. 8
云 南	24 263 769. 8	15 402 604. 2	8 861 165. 6	0. 0
西 藏	2 990 726. 2	871 253. 5	2 119 269. 7	203. 1
陕 西	21 280 519. 5	6 842 750. 6	14 399 439. 0	38 330. 0
甘 肃	10 039 651. 6	731 258. 9	9 220 458. 4	87 934. 3
青 海	2 456 495. 9	4 001. 1	2 452 494. 8	0. 0
宁 夏	1 586 454. 1	0. 0	1 585 010. 6	1 443. 5
新 疆	7 887 227. 7	528 003. 7	7 359 224. 0	0. 0

（续）

地区	经营性资产总额（万元）			
	合计数	组级	村级	镇级
全　国	373 862 903.1	36 628 720.2	273 906 525.3	63 327 657.6
北　京	73 952 318.6	6 292.0	42 416 974.3	31 529 052.2
天　津	6 474 299.6	0.0	6 474 299.6	0.0
河　北	11 091 393.4	16 050.5	10 988 656.6	86 686.3
山　西	6 248 383.1	117 046.1	6 126 202.4	5 134.6
内蒙古	1 943 522.3	59 094.8	1 884 427.6	0.0
辽　宁	3 665 108.2	31 741.0	3 515 007.3	118 359.9
吉　林	1 201 168.4	41 854.4	1 158 949.0	365.0
黑龙江	3 689 964.4	24.7	3 689 939.6	0.0
上　海	43 207 478.0	363 391.4	14 674 234.0	28 169 852.6
江　苏	27 712 059.7	880 855.0	23 863 108.3	2 968 096.4
浙　江	37 926 577.2	0.0	37 926 577.2	0.0
安　徽	4 097 835.6	216 484.3	3 852 224.7	29 126.6
福　建	5 406 164.3	277 384.5	5 097 383.5	31 396.3
江　西	2 893 706.2	526 194.5	2 190 720.7	176 791.0
山　东	30 145 075.8	312 486.0	29 832 147.4	442.4
河　南	10 506 160.8	1 961 975.1	8 492 274.4	51 911.3
湖　北	6 358 642.2	152 619.6	6 205 109.7	913.0
湖　南	3 394 646.8	183 978.7	3 096 820.3	113 847.3
广　东	61 620 590.6	21 754 284.9	39 866 305.7	0.0
广　西	3 588 659.1	1 255 172.7	2 332 956.4	530.0
海　南	413 559.6	107 181.4	304 893.5	1 484.7
重　庆	1 471 753.5	648 036.8	820 975.9	2 740.7
四　川	4 489 531.7	1 559 994.1	2 925 212.7	4 324.9
贵　州	2 885 259.8	616 574.2	2 261 643.5	7 042.0
云　南	4 805 188.9	2 530 332.6	2 274 856.3	0.0
西　藏	1 486 125.7	654 676.6	831 246.0	203.1
陕　西	6 487 065.8	1 994 304.2	4 475 619.2	17 142.5
甘　肃	2 482 496.1	170 717.8	2 300 797.4	10 980.9
青　海	910 016.8	1 723.7	908 293.0	0.0
宁　夏	778 775.1	0.0	777 541.2	1 233.9
新　疆	2 529 376.5	188 248.6	2 341 127.9	0.0

（续）

地区	非经营性资产总额（万元）			
	合计数	组级	村级	镇级
全　　国	**448 227 657.1**	**59 515 011.2**	**369 151 743.8**	**19 560 902.1**
北　　京	25 191 871.0	91 049.6	19 594 205.7	5 506 615.7
天　　津	7 259 851.9	0.0	7 259 851.9	0.0
河　　北	20 420 162.1	130 321.9	20 268 686.8	21 153.4
山　　西	23 580 197.7	915 353.6	22 662 019.6	2 824.5
内　蒙古	6 648 392.9	303 252.8	6 345 140.1	0.0
辽　　宁	7 503 005.2	121 428.5	7 160 172.6	221 404.1
吉　　林	4 882 054.4	273 736.9	4 604 795.2	3 522.4
黑龙江	3 867 128.9	13 282.1	3 853 846.8	0.0
上　　海	14 725 927.8	225 749.1	5 185 856.7	9 314 322.0
江　　苏	24 004 200.8	1 182 921.0	19 066 144.4	3 755 135.4
浙　　江	44 131 244.4	0.0	44 131 244.4	0.0
安　　徽	12 581 449.5	429 590.7	12 128 506.9	23 351.9
福　　建	13 660 170.4	429 170.6	13 209 428.4	21 571.4
江　　西	9 220 259.5	2 655 598.4	6 294 811.2	269 849.9
山　　东	43 468 079.4	894 897.6	42 573 002.8	179.0
河　　南	24 048 142.2	2 242 714.5	21 670 489.4	134 938.3
湖　　北	15 006 983.4	199 089.2	14 803 685.5	4 208.7
湖　　南	14 858 133.7	1 103 440.5	13 619 539.4	135 153.8
广　　东	32 744 606.1	11 029 148.0	21 715 458.1	0.0
广　　西	9 847 280.9	4 315 426.4	5 530 598.4	1 256.2
海　　南	2 295 343.8	925 954.7	1 366 279.2	3 109.9
重　　庆	10 306 738.9	5 297 668.3	5 005 060.6	4 010.0
四　　川	19 496 670.7	6 316 828.2	13 164 863.4	14 979.1
贵　　州	7 453 472.2	1 578 464.0	5 850 042.3	24 965.8
云　　南	19 458 580.9	12 872 271.6	6 586 309.3	0.0
西　　藏	1 504 645.7	216 633.2	1 288 012.5	0.0
陕　　西	14 793 865.7	4 848 446.4	9 924 231.8	21 187.5
甘　　肃	7 557 187.7	560 541.0	6 919 693.3	76 953.4
青　　海	1 546 479.1	2 277.4	1 544 201.7	0.0
宁　　夏	807 679.0	0.0	807 469.4	209.6
新　　疆	5 357 851.2	339 755.1	5 018 096.1	0.0

（续）

地区	待界定资产总额（万元）			
	合计数	组级	村级	镇级
全　国	**3 658 314.4**	**707 605.5**	**2 926 214.4**	**24 494.6**
北　京	3 613.3	0.0	3 613.3	0.0
天　津	46 078.7	0.0	46 078.7	0.0
河　北	253 416.3	385.5	253 030.8	0.0
山　西	103 173.3	14 404.1	88 769.3	0.0
内蒙古	235 232.5	36 338.3	198 894.2	0.0
辽　宁	45 053.3	1 835.3	43 218.0	0.0
吉　林	32 927.7	50.1	32 877.6	0.0
黑龙江	50 407.2	0.0	50 407.2	0.0
上　海	75 473.2	0.0	60 122.7	15 350.6
江　苏	180 987.8	2 359.2	177 862.6	766.1
浙　江	103 675.8	0.0	103 675.8	0.0
安　徽	193 988.7	2 342.4	191 326.3	320.0
福　建	200 354.7	1 138.4	199 216.4	0.0
江　西	68 393.8	34 822.5	29 693.2	3 878.1
山　东	466 772.2	5 979.0	460 793.2	0.0
河　南	106 493.0	11 726.5	94 766.5	0.0
湖　北	93 737.6	732.4	93 005.2	0.0
湖　南	122 934.9	25 065.0	97 479.9	390.0
广　东	260 168.6	57 119.4	203 049.2	0.0
广　西	246 358.1	196 522.7	49 835.4	0.0
海　南	49 395.0	33 904.9	15 490.1	0.0
重　庆	15 823.7	9 180.1	6 643.6	0.0
四　川	114 348.5	14 675.8	99 672.7	0.0
贵　州	369 702.2	116 940.3	252 761.9	0.0
云　南	146 179.1	122 693.6	23 485.5	0.0
西　藏	2 815.1	407.0	2 408.1	0.0
陕　西	49 266.3	15 991.7	33 251.3	23.3
甘　肃	10 750.6	2 991.2	3 992.9	3 766.6
青　海	1 720.5	0.0	1 720.5	0.0
宁　夏	8 925.6	0.0	8 925.6	0.0
新　疆	146.8	0.0	146.8	0.0

（续）

地区	负债合计（万元）			
	合计数	组级	村级	镇级
全　国	**319 562 961.4**	**15 994 161.7**	**236 412 636.9**	**67 156 162.8**
北　京	70 945 561.1	36 550.0	39 151 866.4	31 757 144.6
天　津	7 689 751.1	0.0	7 689 751.1	0.0
河　北	11 616 374.8	10 316.2	11 586 529.5	19 529.2
山　西	14 870 530.7	324 438.6	14 541 709.6	4 382.5
内蒙古	2 347 609.7	30 606.3	2 317 003.4	0.0
辽　宁	4 868 234.8	46 956.5	4 628 410.3	192 868.1
吉　林	2 423 389.5	95 671.8	2 327 492.0	225.7
黑龙江	2 393 161.1	416.8	2 392 744.3	0.0
上　海	40 329 819.6	203 943.6	11 221 108.0	28 904 768.0
江　苏	21 031 353.3	323 727.7	14 724 813.0	5 982 812.5
浙　江	32 823 212.4	0.0	32 823 212.4	0.0
安　徽	2 360 184.4	6 553.5	2 334 201.7	19 429.2
福　建	7 072 760.1	236 916.1	6 821 779.1	14 064.9
江　西	3 310 157.9	88 539.7	3 050 410.7	171 207.6
山　东	31 809 100.1	285 790.1	31 523 227.7	82.4
河　南	6 097 542.4	515 826.5	5 577 215.8	4 500.1
湖　北	3 826 144.8	32 415.5	3 793 629.6	99.7
湖　南	3 748 910.8	29 820.2	3 676 315.8	42 774.8
广　东	35 729 546.9	11 183 847.5	24 545 699.4	0.0
广　西	689 646.2	225 793.1	463 853.1	0.0
海　南	367 494.6	28 051.1	339 005.4	438.1
重　庆	1 208 934.2	141 157.1	1 066 508.6	1 268.5
四　川	3 550 709.4	416 262.5	3 133 580.3	866.5
贵　州	776 234.1	24 777.5	747 943.3	3 513.3
云　南	1 972 536.0	1 018 289.9	954 246.1	0.0
西　藏	417 450.4	135 716.7	281 733.6	0.0
陕　西	2 058 847.0	356 095.2	1 699 249.5	3 502.4
甘　肃	1 442 457.7	57 810.1	1 351 962.8	32 684.8
青　海	514 766.9	442.7	514 324.2	0.0
宁　夏	367 413.9	0.0	367 413.9	0.0
新　疆	903 125.5	137 429.2	765 696.4	0.0

（续）

地区	经营性负债（万元）			
	合计数	组级	村级	镇级
全　国	**54 952 447.8**	**3 305 849.7**	**45 192 494.0**	**6 454 104.1**
北　京	13 861 459.6	0.0	11 879 119.5	1 982 340.1
天　津	3 442 723.9	0.0	3 442 723.9	0.0
河　北	979 498.4	24.2	979 474.1	0.0
山　西	686 173.1	2 098.0	684 075.1	0.0
内蒙古	232 585.0	10 559.6	222 025.4	0.0
辽　宁	802 660.0	3 416.6	799 243.4	0.0
吉　林	95 565.4	1 488.3	94 077.1	0.0
黑龙江	305 037.8	16.1	305 021.6	0.0
上　海	6 084 198.9	13 441.7	1 780 990.1	4 289 767.1
江　苏	2 577 426.3	32 384.7	2 371 009.3	174 032.4
浙　江	4 028 885.7	0.0	4 028 885.7	0.0
安　徽	110 785.7	553.9	109 495.1	736.8
福　建	168 472.5	7 051.9	160 676.1	744.6
江　西	212 230.8	5 781.8	206 540.4	−91.4
山　东	9 017 326.5	52 716.8	8 964 602.8	6.9
河　南	873 579.2	70 450.6	803 012.3	116.3
湖　北	267 197.4	4 792.4	262 382.0	23.0
湖　南	479 986.5	7 400.2	472 486.0	100.3
广　东	9 594 196.8	2 867 018.3	6 727 178.5	0.0
广　西	66 167.4	30 631.7	35 535.7	0.0
海　南	4 513.5	2 610.2	1 773.2	130.0
重　庆	24 534.9	1 548.7	22 985.2	1.0
四　川	128 586.6	21 801.9	106 784.7	0.0
贵　州	84 222.4	1 185.0	83 037.4	0.0
云　南	93 857.5	41 328.6	52 528.9	0.0
西　藏	114 549.8	53 903.9	60 646.0	0.0
陕　西	202 500.9	46 209.9	156 067.9	223.1
甘　肃	289 561.3	19 375.4	264 211.9	5 974.0
青　海	31 265.8	0.0	31 265.8	0.0
宁　夏	42 881.8	0.0	42 881.8	0.0
新　疆	49 816.4	8 059.4	41 757.0	0.0

（续）

地区	兴办公益事业负债（万元）			
	合计数	组级	村级	镇级
全　　国	**27 115 510.0**	**734 293.8**	**25 581 015.0**	**800 201.1**
北　　京	2 301 681.3	7.1	2 297 405.4	4 268.8
天　　津	1 562 126.2	0.0	1 562 126.2	0.0
河　　北	663 993.6	960.3	662 691.9	341.3
山　　西	1 013 961.8	12 908.8	1 001 053.0	0.0
内　蒙　古	519 792.3	8 806.3	510 986.0	0.0
辽　　宁	813 910.5	1 864.1	812 046.4	0.0
吉　　林	361 161.5	25 230.4	335 931.2	0.0
黑　龙　江	1 466 380.1	400.7	1 465 979.4	0.0
上　　海	825 059.8	2 013.4	178 369.4	644 677.0
江　　苏	1 331 958.8	21 538.5	1 178 882.4	131 537.8
浙　　江	1 607 861.6	0.0	1 607 861.6	0.0
安　　徽	267 071.4	783.2	264 916.2	1 372.0
福　　建	448 569.4	17 913.8	428 716.0	1 939.5
江　　西	655 473.5	6 269.3	637 352.9	11 851.3
山　　东	8 079 541.6	71 613.8	8 007 852.0	75.8
河　　南	1 119 493.7	91 203.6	1 027 524.6	765.5
湖　　北	719 495.0	1 122.7	718 372.3	0.0
湖　　南	521 560.2	2 079.8	517 887.8	1 592.5
广　　东	1 136 904.1	252 119.7	884 784.4	0.0
广　　西	30 598.5	2 491.4	28 107.1	0.0
海　　南	2 237.2	77.8	2 156.0	3.5
重　　庆	99 615.1	11 054.0	88 598.7	−37.6
四　　川	621 083.5	40 610.8	580 441.7	31.0
贵　　州	79 917.6	1 126.3	78 791.3	0.0
云　　南	227 678.0	96 394.2	131 283.8	0.0
西　　藏	45 375.5	159.4	45 216.1	0.0
陕　　西	233 050.7	28 145.1	204 905.6	0.0
甘　　肃	217 143.8	20 430.8	194 930.3	1 782.6
青　　海	30 985.8	0.5	30 985.3	0.0
宁　　夏	16 471.2	0.0	16 471.2	0.0
新　　疆	95 356.8	16 968.0	78 388.8	0.0

（续）

地区	义务教育负债（万元）			
	合计数	组级	村级	镇级
全　国	**214 561.3**	**4 302.3**	**201 928.3**	**8 330.7**
北　京	1 194.6	0.0	1 194.6	0.0
天　津	3 021.1	0.0	3 021.1	0.0
河　北	5 974.1	22.1	5 952.0	0.0
山　西	4 853.2	242.3	4 610.9	0.0
内　蒙古	2 272.7	49.9	2 222.8	0.0
辽　宁	13 372.4	100.5	13 271.9	0.0
吉　林	5 463.6	174.7	5 288.9	0.0
黑龙江	32 229.1	0.0	32 229.1	0.0
上　海	4 409.4	6.1	994.0	3 409.3
江　苏	9 102.4	−0.3	8 431.0	671.7
浙　江	4 968.2	0.0	4 968.2	0.0
安　徽	3 100.2	35.6	3 064.6	0.0
福　建	4 601.1	0.0	4 601.1	0.0
江　西	7 187.0	42.9	2 955.2	4 188.8
山　东	25 007.7	83.7	24 924.0	0.0
河　南	34 597.5	492.9	34 104.6	0.0
湖　北	18 992.0	0.3	18 991.7	0.0
湖　南	6 339.3	4.9	6 334.4	0.0
广　东	14 146.6	1 354.6	12 792.0	0.0
广　西	266.1	81.0	185.1	0.0
海　南	1.1	0.2	1.0	0.0
重　庆	219.1	38.9	180.2	0.0
四　川	3 334.1	200.6	3 133.5	0.0
贵　州	84.5	0.0	84.5	0.0
云　南	3 846.4	823.8	3 022.6	0.0
西　藏	25.9	1.8	24.1	0.0
陕　西	2 841.9	469.5	2 372.4	0.0
甘　肃	1 724.2	42.2	1 621.2	60.9
青　海	2.8	0.0	2.8	0.0
宁　夏	20.4	0.0	20.4	0.0
新　疆	1 362.6	34.0	1 328.5	0.0

（续）

地区	道路建设负债（万元）			
	合计数	组级	村级	镇级
全 国	**4 165 809.6**	**185 679.2**	**3 705 363.3**	**274 767.1**
北 京	238 517.5	0.0	238 089.6	427.9
天 津	41 065.9	0.0	41 065.9	0.0
河 北	142 039.6	360.4	141 679.2	0.0
山 西	127 739.7	2 628.5	125 111.2	0.0
内 蒙 古	29 619.2	6 210.7	23 408.5	0.0
辽 宁	105 363.3	382.3	104 981.0	0.0
吉 林	115 108.8	5 198.4	109 910.5	0.0
黑 龙 江	361 855.9	0.0	361 855.9	0.0
上 海	293 717.8	470.1	28 736.6	264 511.1
江 苏	173 577.9	1 198.5	164 212.1	8 167.2
浙 江	389 349.5	0.0	389 349.5	0.0
安 徽	59 869.1	119.5	59 749.6	0.0
福 建	94 295.4	7 917.6	86 345.9	31.8
江 西	73 472.3	1 915.5	73 273.9	−1 717.1
山 东	510 719.9	11 331.9	499 388.1	0.0
河 南	217 977.1	19 456.3	198 338.0	182.8
湖 北	227 986.0	84.8	227 901.1	0.0
湖 南	137 184.2	603.1	135 025.3	1 555.8
广 东	235 904.2	62 790.3	173 113.9	0.0
广 西	2 781.9	936.4	1 845.5	0.0
海 南	735.7	0.9	734.9	0.0
重 庆	33 958.1	3 445.2	30 484.3	28.6
四 川	313 210.6	13 661.1	299 549.5	0.0
贵 州	38 252.3	179.0	38 073.3	0.0
云 南	49 275.5	21 372.2	27 903.4	0.0
西 藏	10 302.8	0.2	10 302.6	0.0
陕 西	59 196.1	10 640.5	48 555.7	0.0
甘 肃	70 799.9	12 746.7	56 474.1	1 579.1
青 海	1 151.9	0.0	1 151.9	0.0
宁 夏	3 814.7	0.0	3 814.7	0.0
新 疆	6 966.8	2 029.2	4 937.6	0.0

（续）

地区	兴修水电设施负债（万元）			
	合计数	组级	村级	镇级
全　　国	**889 406.0**	**25 416.9**	**773 826.4**	**90 162.7**
北　　京	18 833.5	0.0	18 833.5	0.0
天　　津	62 460.3	0.0	62 460.3	0.0
河　　北	39 306.8	33.2	39 273.6	0.0
山　　西	36 831.5	835.7	35 995.8	0.0
内　蒙古	23 303.2	408.1	22 895.1	0.0
辽　　宁	51 804.7	185.3	51 619.4	0.0
吉　　林	15 621.5	1 277.8	14 343.6	0.0
黑　龙江	70 414.8	0.0	70 414.8	0.0
上　　海	22 307.6	38.8	5 907.5	16 361.2
江　　苏	107 387.0	287.6	34 837.2	72 262.2
浙　　江	77 325.8	0.0	77 325.8	0.0
安　　徽	16 916.9	60.0	16 856.9	0.0
福　　建	18 868.7	5 386.1	13 375.7	106.9
江　　西	35 105.4	302.0	33 534.8	1 268.5
山　　东	53 758.5	792.5	52 966.0	0.0
河　　南	55 726.3	2 275.6	53 450.7	0.0
湖　　北	57 456.1	44.6	57 411.5	0.0
湖　　南	42 178.5	31.1	42 117.2	30.2
广　　东	14 043.3	1 246.0	12 797.4	0.0
广　　西	192.4	9.0	183.3	0.0
海　　南	18.3	8.0	10.3	0.0
重　　庆	7 521.9	1 459.9	6 061.9	0.0
四　　川	16 964.3	1 612.7	15 351.6	0.0
贵　　州	1 141.2	14.0	1 127.1	0.0
云　　南	7 404.6	2 991.3	4 413.3	0.0
西　　藏	51.7	10.2	41.6	0.0
陕　　西	14 016.0	1 967.8	12 048.2	0.0
甘　　肃	9 298.1	657.9	8 506.5	133.7
青　　海	1 529.5	0.0	1 529.5	0.0
宁　　夏	882.0	0.0	882.0	0.0
新　　疆	10 735.9	3 481.4	7 254.5	0.0

（续）

地区	卫生文化设施负债（万元）			
	合计数	组级	村级	镇级
全 国	**1 102 658.4**	**24 248.5**	**1 074 753.9**	**3 656.1**
北 京	25 933.2	0.0	23 598.8	2 334.4
天 津	11 587.7	0.0	11 587.7	0.0
河 北	43 057.1	175.6	42 881.5	0.0
山 西	53 331.2	885.9	52 445.3	0.0
内 蒙 古	34 953.7	420.0	34 533.6	0.0
辽 宁	23 878.1	223.0	23 655.1	0.0
吉 林	30 470.1	763.2	29 706.9	0.0
黑 龙 江	61 606.7	0.0	61 606.7	0.0
上 海	3 117.5	63.7	2 609.7	444.1
江 苏	61 927.4	119.5	61 781.0	26.9
浙 江	144 174.9	0.0	144 174.9	0.0
安 徽	16 502.2	22.8	16 479.3	0.0
福 建	24 764.4	1 041.6	23 435.4	287.3
江 西	25 543.3	509.6	24 581.8	452.0
山 东	171 170.9	1 307.7	169 863.1	0.0
河 南	91 766.1	1 447.0	90 149.0	170.1
湖 北	57 457.5	44.1	57 413.4	0.0
湖 南	35 668.0	72.2	35 597.2	−1.4
广 东	390.3	46.3	344.0	0.0
广 西	2 394.2	182.4	2 211.8	0.0
海 南	33.7	5.3	28.4	0.0
重 庆	7 695.2	169.7	7 591.8	−66.2
四 川	23 353.8	1 080.5	22 273.2	0.0
贵 州	5 868.6	7.2	5 861.4	0.0
云 南	15 524.3	6 777.5	8 746.8	0.0
西 藏	130.7	37.6	93.2	0.0
陕 西	51 854.3	5 629.5	46 224.7	0.0
甘 肃	64 864.0	666.1	64 188.9	9.0
青 海	4 157.4	0.0	4 157.4	0.0
宁 夏	497.8	0.0	497.8	0.0
新 疆	8 984.3	2 550.3	6 434.0	0.0

（续）

地区	其他兴办公益事业负债（万元）			
	合计数	组级	村级	镇级
全　国	20 742 219.4	494 648.4	19 824 286.5	423 284.5
北　京	2 017 202.5	7.1	2 015 688.9	1 506.6
天　津	1 443 991.2	0.0	1 443 991.2	0.0
河　北	433 602.6	369.1	432 892.1	341.3
山　西	791 412.8	8 316.3	783 096.5	0.0
内蒙古	429 643.6	1 717.6	427 925.9	0.0
辽　宁	619 492.1	973.1	618 519.0	0.0
吉　林	194 498.3	17 816.3	176 682.0	0.0
黑龙江	940 273.6	400.7	939 872.9	0.0
上　海	501 942.7	1 434.7	140 556.7	359 951.3
江　苏	979 916.6	19 934.5	909 572.2	50 409.9
浙　江	990 614.4	0.0	990 614.4	0.0
安　徽	170 683.0	545.3	168 765.8	1 372.0
福　建	306 030.2	3 568.5	300 948.2	1 513.5
江　西	514 165.4	3 499.2	503 007.2	7 659.0
山　东	7 318 884.6	58 098.0	7 260 710.8	75.8
河　南	719 426.6	67 531.7	651 482.3	412.6
湖　北	357 603.4	948.9	356 654.6	0.0
湖　南	300 190.2	1 368.5	298 813.8	8.0
广　东	872 419.6	186 682.5	685 737.1	0.0
广　西	24 963.9	1 282.6	23 681.3	0.0
海　南	1 448.3	63.4	1 381.4	3.5
重　庆	50 223.5	5 940.3	44 283.1	0.1
四　川	264 220.8	24 055.9	240 133.9	31.0
贵　州	34 571.1	926.1	33 644.9	0.0
云　南	151 626.2	64 429.4	87 196.8	0.0
西　藏	34 864.4	109.7	34 754.7	0.0
陕　西	105 142.4	9 437.8	95 704.6	0.0
甘　肃	70 457.7	6 317.9	64 139.7	0.0
青　海	24 144.2	0.4	24 143.7	0.0
宁　夏	11 256.2	0.0	11 256.2	0.0
新　疆	67 307.3	8 873.0	58 434.2	0.0

表5 农村集体产权制度改革情况统计表

指标名称	代码	计量单位	合计数	组级	村级	镇级
一、完成集体产权制度改革单位数	1	个	965 671	394 849	569 829	993
二、改革时点量化资产总额	2	万元	321 327 116.3	39 747 449.6	270 820 993.7	10 758 672.9
其中：量化经营性资产总额	3	万元	164 995 305.3	14 952 880.9	142 341 442.4	7 700 982.0
三、确认成员数	4	个	—	82 281 407	921 298 006	3 076 663
四、成员持有经营性资产收益分配权金额	5	万元	125 704 455.5	12 186 987.9	108 352 622.6	5 164 845.1
五、本年分红总额	6	万元	8 139 584.0	3 051 240.5	4 989 281.5	99 061.9
其中：本年成员分红金额	7	万元	7 484 044.6	2 901 976.8	4 512 123.8	69 943.9
本年集体分红金额	8	万元	639 199.6	110 629.0	512 020.3	16 550.3
六、累计分红总额	9	万元	48 467 294.8	15 693 485.3	32 074 858.7	698 950.8
其中：累计成员分红金额	10	万元	40 418 071.7	12 357 106.7	27 544 903.7	516 061.3
累计集体分红金额	11	万元	7 180 638.0	3 161 959.0	3 896 523.4	122 155.6
七、年末资产总额	12	万元	702 556 027.8	64 563 480.6	602 255 667.4	35 736 879.8
其中：经营性资产总额	13	万元	301 333 964.8	29 267 303.3	241 911 129.4	30 155 532.1
八、上缴税费总额	14	万元	1 020 536.9	122 574.1	749 655.0	148 307.7
其中：代缴红利税总额	15	万元	35 130.7	1 977.1	26 970.1	6 183.4
九、附报						
本年已向成员分红的单位数	16	个	93 986	30 523	63 205	258

表 5-1　各地区农村集体产权制度改革情况统计表

地区	完成集体产权制度改革单位数（个）			
	合计数	组级	村级	镇级
全　国	**965 671**	**394 849**	**569 829**	**993**
北　京	6 983	0	6 800	183
天　津	3 636	0	3 636	0
河　北	48 884	59	48 800	25
山　西	45 402	20 567	24 792	43
内蒙古	11 376	250	11 123	3
辽　宁	12 464	63	12 400	1
吉　林	12 249	2 857	9 391	1
黑龙江	10 027	3	10 024	0
上　海	1 711	0	1 600	111
江　苏	17 772	49	17 697	26
浙　江	24 499	4	24 495	0
安　徽	16 241	2	16 217	22
福　建	15 042	71	14 968	3
江　西	20 282	2 562	17 685	35
山　东	87 619	1 441	86 165	13
河　南	49 235	212	48 988	35
湖　北	24 025	106	23 909	10
湖　南	26 809	407	26 397	5
广　东	242 848	219 693	22 879	276
广　西	21 561	6 409	15 152	0
海　南	27 147	24 227	2 920	0
重　庆	22 719	13 715	9 001	3
四　川	49 124	18 745	30 351	28
贵　州	18 123	1 313	16 755	55
云　南	91 971	79 384	12 584	3
西　藏	5 930	785	5 144	1
陕　西	20 424	1 673	18 655	96
甘　肃	16 235	175	16 055	5
青　海	4 169	11	4 156	2
宁　夏	2 224	0	2 217	7
新　疆	8 940	66	8 873	1

（续）

地区	改革时点量化资产总额（万元）			
	合计数	组级	村级	镇级
全　国	321 327 116.3	39 747 449.6	270 820 993.7	10 758 672.9
北　京	10 850 552.4	0.0	10 126 087.3	724 465.1
天　津	6 596 086.5	0.0	6 596 086.5	0.0
河　北	13 048 457.9	17 947.6	12 842 657.9	187 852.3
山　西	20 740 040.7	929 686.6	19 809 513.3	840.8
内蒙古	1 458 426.0	4 639.4	1 444 774.9	9 011.7
辽　宁	5 450 434.9	81 711.6	5 342 985.1	25 738.1
吉　林	1 240 114.5	22 575.9	1 197 186.5	20 352.2
黑龙江	3 495 188.1	10 267.6	3 484 920.5	0.0
上　海	15 756 113.5	0.0	7 804 151.2	7 951 962.3
江　苏	18 760 508.2	121 255.7	18 208 731.1	430 521.4
浙　江	17 239 113.1	0.0	17 239 058.7	54.4
安　徽	7 535 742.1	38.8	7 534 675.7	1 027.6
福　建	10 085 671.8	47 047.8	9 146 182.2	892 441.8
江　西	3 515 840.4	105 039.4	3 401 362.6	9 438.4
山　东	32 268 912.7	180 440.1	32 088 472.6	0.0
河　南	15 069 427.5	734 074.4	14 262 034.7	73 318.4
湖　北	12 988 722.1	107 891.0	12 880 831.1	0.0
湖　南	5 206 122.9	401 104.5	4 737 247.5	67 770.9
广　东	66 639 000.0	25 695 998.4	40 943 001.6	0.0
广　西	4 651 162.3	985 492.9	3 664 827.1	842.3
海　南	729 292.0	376 111.8	351 546.2	1 634.0
重　庆	2 503 661.5	652 382.8	1 850 738.7	540.0
四　川	10 831 091.2	2 229 258.9	8 411 313.1	190 519.1
贵　州	5 968 797.8	589 136.0	5 325 178.0	54 483.8
云　南	8 802 795.8	5 528 534.8	3 274 043.0	218.0
西　藏	1 629.5	149.8	1 479.7	0.0
陕　西	13 442 620.0	822 086.5	12 554 560.0	65 973.5
甘　肃	2 792 272.0	69 043.7	2 688 049.9	35 178.4
青　海	842 551.5	86.5	828 176.7	14 288.3
宁　夏	577 675.5	0.0	577 475.5	200.0
新　疆	2 239 091.7	35 447.2	2 203 644.6	0.0

（续）

地区	量化经营性资产总额（万元）			
	合计数	组级	村级	镇级
全 国	**164 995 305.3**	**14 952 880.9**	**142 341 442.4**	**7 700 982.0**
北 京	6 193 942.5	0.0	5 469 725.6	724 216.9
天 津	4 190 262.4	0.0	4 190 262.4	0.0
河 北	4 917 088.5	6 312.9	4 832 499.5	78 276.2
山 西	5 579 979.9	105 618.1	5 473 554.0	807.8
内 蒙 古	936 778.3	2 801.3	933 977.0	0.0
辽 宁	2 587 564.2	18 714.3	2 566 187.0	2 662.9
吉 林	676 501.4	13 567.7	659 753.6	3 180.1
黑 龙 江	3 485 616.5	10 267.6	3 475 348.9	0.0
上 海	12 198 235.6	0.0	5 683 123.3	6 515 112.3
江 苏	14 628 786.9	95 300.6	14 275 839.4	257 646.9
浙 江	10 417 542.9	0.0	10 417 488.5	54.4
安 徽	2 286 261.5	38.8	2 285 195.1	1 027.6
福 建	3 522 423.2	31 889.8	3 482 076.5	8 456.9
江 西	1 760 778.0	28 927.0	1 731 491.8	359.1
山 东	16 190 962.0	92 728.8	16 098 233.3	0.0
河 南	7 146 747.7	563 262.5	6 565 594.0	17 891.2
湖 北	5 218 241.7	107 891.0	5 110 350.8	0.0
湖 南	1 600 044.0	11 687.6	1 578 636.4	9 720.0
广 东	41 709 350.1	9 643 201.7	32 066 148.4	0.0
广 西	1 728 067.5	514 952.3	1 213 115.2	0.0
海 南	126 555.1	64 867.7	60 135.7	1 551.7
重 庆	1 011 451.2	326 805.9	684 105.3	540.0
四 川	3 261 808.6	563 811.1	2 688 224.8	9 772.7
贵 州	2 414 465.5	241 801.0	2 154 499.2	18 165.3
云 南	3 110 539.7	1 905 132.7	1 205 407.0	0.0
西 藏	1 382.0	149.8	1 232.2	0.0
陕 西	4 461 713.1	514 722.9	3 910 262.7	36 727.5
甘 肃	1 247 643.8	53 311.5	1 194 008.1	324.1
青 海	592 791.3	86.5	578 416.5	14 288.3
宁 夏	435 847.5	0.0	435 647.5	200.0
新 疆	1 355 932.6	35 029.7	1 320 903.0	0.0

（续）

地区	确认成员数（个）			
	合计数	组级	村级	镇级
全　国	—	82 281 407	921 298 006	3 076 663
北　京	—	0	3 431 101	14 648
天　津	—	0	3 931 764	0
河　北	—	19 544	44 806 666	13 999
山　西	—	5 231 067	21 294 333	93 949
内蒙古	—	109 138	13 802 780	0
辽　宁	—	60 329	20 608 660	4 254
吉　林	—	664 620	14 175 093	26 374
黑龙江	—	2 443	17 845 861	0
上　海	—	0	3 581 373	0
江　苏	—	21 045	52 545 107	24 277
浙　江	—	0	32 320 821	0
安　徽	—	605	56 241 929	177
福　建	—	25 939	29 520 412	0
江　西	—	539 593	37 078 761	389 798
山　东	—	849 126	73 936 087	9 110
河　南	—	70 249	92 247 802	803 001
湖　北	—	28 192	41 377 903	0
湖　南	—	89 675	55 620 118	21 418
广　东	—	37 729 439	39 393 793	118
广　西	—	1 013 035	44 994 508	0
海　南	—	5 105 091	5 607 378	0
重　庆	—	4 396 039	23 719 939	18 934
四　川	—	4 927 527	65 181 857	163 414
贵　州	—	419 741	34 513 417	1 319 468
云　南	—	20 072 502	23 516 256	12
西　藏	—	140 718	2 170 158	244
陕　西	—	654 942	28 877 743	139 309
甘　肃	—	63 654	19 740 737	34 159
青　海	—	12 784	4 019 502	0
宁　夏	—	0	4 213 325	0
新　疆	—	34 370	10 982 822	0

（续）

地区	成员持有经营性资产收益分配权金额（万元）			
	合计数	组级	村级	镇级
全　国	125 704 455.5	12 186 987.9	108 352 622.6	5 164 845.1
北　京	7 657 494.1	0.0	7 467 799.1	189 695.0
天　津	732 192.7	0.0	732 192.7	0.0
河　北	7 389 878.8	8 612.9	7 302 820.3	78 445.7
山　西	5 663 543.0	89 041.6	5 574 501.4	0.0
内蒙古	553 218.0	898.1	552 319.9	0.0
辽　宁	3 677 995.6	2 270.0	3 673 925.8	1 799.8
吉　林	194 734.5	9 170.3	185 372.2	192.0
黑龙江	2 367 019.3	9 240.9	2 357 778.5	0.0
上　海	8 361 334.7	0.0	3 699 269.8	4 662 065.0
江　苏	9 344 565.5	70 881.3	9 098 139.9	175 544.3
浙　江	16 692 543.3	0.0	16 692 543.3	0.0
安　徽	1 638 451.7	0.0	1 637 451.7	1 000.0
福　建	2 737 250.4	15 566.8	2 721 242.0	441.6
江　西	1 144 548.5	46 613.5	1 094 996.6	2 938.5
山　东	12 950 297.9	131 562.8	12 818 735.1	0.0
河　南	6 958 918.3	361 692.7	6 579 900.2	17 325.4
湖　北	5 453 613.8	55 648.9	5 397 964.9	0.0
湖　南	582 095.4	1 528.0	569 212.3	11 355.1
广　东	17 947 732.9	8 726 381.3	9 221 351.6	0.0
广　西	1 379 695.8	316 843.9	1 062 852.0	0.0
海　南	36 793.1	14 061.3	22 731.7	0.0
重　庆	877 232.9	293 429.6	583 763.3	40.0
四　川	2 189 024.7	260 582.4	1 918 796.0	9 646.4
贵　州	552 539.0	54 672.1	485 151.7	12 715.2
云　南	2 491 800.2	1 483 493.0	1 008 307.2	0.0
西　藏	0.0	0.0	0.0	0.0
陕　西	1 848 170.1	217 523.0	1 629 175.8	1 471.2
甘　肃	2 411 703.0	11 240.9	2 400 462.2	0.0
青　海	648 424.3	0.0	648 424.3	0.0
宁　夏	325 396.8	0.0	325 226.8	170.0
新　疆	896 247.0	6 032.7	890 214.3	0.0

（续）

地 区	本年分红总额（万元）			
	合计数	组级	村级	镇级
全　国	8 139 584.0	3 051 240.5	4 989 281.5	99 061.9
北　京	588 953.5	0.0	543 703.6	45 249.9
天　津	125 314.8	0.0	125 314.8	0.0
河　北	61 932.6	67.1	61 865.5	0.0
山　西	53 745.0	982.8	52 762.2	0.0
内蒙古	2 648.7	0.0	2 648.7	0.0
辽　宁	17 186.3	0.0	16 432.3	754.1
吉　林	914.5	7.0	907.5	0.0
黑龙江	10 288.4	0.0	10 288.4	0.0
上　海	198 211.6	0.0	161 454.4	36 757.2
江　苏	355 903.3	5 513.7	342 075.6	8 314.0
浙　江	1 195 305.2	0.0	1 195 305.2	0.0
安　徽	24 711.5	220.0	24 410.8	80.8
福　建	88 486.4	265.8	88 220.6	0.0
江　西	21 977.5	2 407.3	19 268.4	301.7
山　东	295 908.5	1 196.8	294 711.7	0.0
河　南	159 279.5	20 919.2	138 193.6	166.6
湖　北	45 257.7	194.1	45 063.5	0.0
湖　南	90 169.5	6 587.6	82 342.4	1 239.6
广　东	4 250 792.0	2 777 141.2	1 473 650.8	0.0
广　西	25 803.5	11 885.8	13 917.7	0.0
海　南	117.4	3.6	113.8	0.0
重　庆	16 233.1	4 617.8	11 615.3	0.0
四　川	42 275.3	6 561.6	35 678.1	35.6
贵　州	52 354.0	5 453.7	40 754.3	6 145.9
云　南	243 032.0	188 718.3	54 313.8	0.0
西　藏	110.5	0.0	110.5	0.0
陕　西	128 857.9	14 252.8	114 588.5	16.6
甘　肃	16 987.5	4 093.3	12 894.2	0.0
青　海	17 037.7	0.0	17 037.7	0.0
宁　夏	3 234.8	0.0	3 234.8	0.0
新　疆	6 553.9	150.9	6 403.0	0.0

(续)

地区	本年成员分红金额（万元）			
	合计数	组级	村级	镇级
全　国	7 484 044.6	2 901 976.8	4 512 123.8	69 943.9
北　京	528 160.1	0.0	504 748.4	23 411.7
天　津	122 397.5	0.0	122 397.5	0.0
河　北	61 536.0	67.1	61 468.9	0.0
山　西	53 783.5	528.6	53 254.9	0.0
内蒙古	2 316.4	0.0	2 316.4	0.0
辽　宁	7 085.2	0.0	6 331.1	754.1
吉　林	744.5	5.6	738.9	0.0
黑龙江	7 947.5	0.0	7 947.5	0.0
上　海	194 925.9	0.0	158 168.7	36 757.2
江　苏	311 587.7	5 075.9	298 736.4	7 775.5
浙　江	1 128 709.1	0.0	1 128 709.1	0.0
安　徽	22 465.5	0.0	22 384.8	80.8
福　建	80 644.2	197.8	80 446.4	0.0
江　西	17 840.0	1 711.6	16 076.6	51.7
山　东	269 841.2	1 161.8	268 679.3	0.0
河　南	144 452.3	20 055.1	124 232.3	164.8
湖　北	36 910.1	155.2	36 754.9	0.0
湖　南	70 346.4	1 319.9	68 158.8	867.7
广　东	3 941 498.6	2 645 886.9	1 295 611.7	0.0
广　西	22 055.5	10 095.5	11 959.9	0.0
海　南	150.5	7.0	143.5	0.0
重　庆	8 714.3	1 569.1	7 145.2	0.0
四　川	34 209.5	6 327.0	27 852.5	30.0
贵　州	33 708.0	7 240.8	26 416.8	50.5
云　南	230 253.9	182 310.7	47 943.3	0.0
西　藏	0.0	0.0	0.0	0.0
陕　西	117 690.8	14 093.1	103 597.5	0.1
甘　肃	16 647.2	4 067.1	12 580.1	0.0
青　海	8 061.1	0.0	8 061.1	0.0
宁　夏	2 598.8	0.0	2 598.8	0.0
新　疆	6 763.2	100.9	6 662.4	0.0

（续）

地　区	本年集体分红金额（万元）			
	合计数	组级	村级	镇级
全　国	**639 199.6**	**110 629.0**	**512 020.3**	**16 550.3**
北　京	52 103.4	0.0	36 478.9	15 624.6
天　津	2 910.4	0.0	2 910.4	0.0
河　北	396.6	0.0	396.6	0.0
山　西	5 061.3	0.0	5 061.3	0.0
内 蒙 古	332.3	0.0	332.3	0.0
辽　宁	2 485.8	0.0	2 485.8	0.0
吉　林	169.3	1.4	167.9	0.0
黑 龙 江	2 158.6	0.0	2 158.6	0.0
上　海	3 220.2	0.0	3 220.2	0.0
江　苏	13 066.4	375.3	12 456.0	235.1
浙　江	15 972.6	0.0	15 972.6	0.0
安　徽	2 114.0	220.0	1 894.0	0.0
福　建	3 736.2	0.0	3 736.2	0.0
江　西	4 137.5	695.7	3 191.8	250.0
山　东	10 860.9	13.6	10 847.3	0.0
河　南	12 294.1	54.5	12 208.2	31.4
湖　北	3 787.4	5.6	3 781.8	0.0
湖　南	8 958.8	2 531.6	6 055.3	371.9
广　东	452 737.5	95 976.2	356 761.3	0.0
广　西	1 227.6	315.8	911.8	0.0
海　南	18.9	3.4	15.4	0.0
重　庆	3 137.7	66.9	3 070.8	0.0
四　川	1 578.0	108.6	1 469.4	0.0
贵　州	13 419.1	3 019.0	10 367.9	32.3
云　南	13 068.4	7 086.9	5 981.4	0.0
西　藏	0.0	0.0	0.0	0.0
陕　西	6 334.5	78.3	6 251.2	5.0
甘　肃	664.8	26.2	638.6	0.0
青　海	2 127.9	0.0	2 127.9	0.0
宁　夏	636.0	0.0	636.0	0.0
新　疆	483.5	50.0	433.5	0.0

(续)

地区	累计分红总额（万元）			
	合计数	组级	村级	镇级
全 国	**48 467 294.8**	**15 693 485.3**	**32 074 858.7**	**698 950.8**
北 京	5 528 224.8	0.0	5 238 571.8	289 653.0
天 津	262 177.9	0.0	262 177.9	0.0
河 北	473 275.2	253.5	472 969.1	52.6
山 西	110 806.6	5 292.7	105 513.9	0.0
内 蒙 古	5 727.7	0.0	5 727.7	0.0
辽 宁	133 935.7	0.0	126 646.2	7 289.4
吉 林	1 454.8	7.0	1 447.8	
黑 龙 江	56 520.9	24.7	56 496.1	0.0
上 海	1 597 445.8	0.0	1 289 455.5	307 990.3
江 苏	2 273 114.0	49 012.9	2 172 487.4	51 613.6
浙 江	7 118 028.6	0.0	7 118 028.6	0.0
安 徽	70 160.4	220.0	69 859.6	80.8
福 建	260 210.6	378.0	259 832.6	0.0
江 西	41 385.1	6 680.8	34 266.4	438.0
山 东	1 080 445.0	1 828.6	1 078 616.4	0.0
河 南	492 623.4	80 236.6	409 243.4	3 143.4
湖 北	166 989.3	1 357.9	165 631.4	0.0
湖 南	195 477.0	7 586.0	184 928.1	2 962.9
广 东	27 003 864.4	14 741 513.1	12 262 351.4	
广 西	139 447.4	77 801.3	61 646.1	0.0
海 南	1 387.2	3.6	1 383.6	0.0
重 庆	34 452.5	6 364.5	28 088.0	0.0
四 川	156 514.8	34 976.3	85 933.9	35 604.6
贵 州	105 390.5	7 492.6	97 819.8	78.1
云 南	732 170.8	630 825.5	101 345.3	0.0
西 藏	2.4	1.2	1.2	0.0
陕 西	331 769.1	41 110.4	290 614.6	44.1
甘 肃	43 750.4	47.3	43 703.1	0.0
青 海	17 125.9	0.0	17 125.9	0.0
宁 夏	16 777.8	0.0	16 777.8	0.0
新 疆	16 638.8	470.9	16 167.9	0.0

（续）

地 区	累计成员分红金额（万元）			
	合计数	组级	村级	镇级
全　国	**40 418 071.7**	**12 357 106.7**	**27 544 903.7**	**516 061.3**
北　京	4 685 353.3	0.0	4 519 217.0	166 136.3
天　津	252 366.3	0.0	252 366.3	0.0
河　北	466 377.1	67.1	466 257.4	52.6
山　西	103 135.1	2 236.7	100 898.4	0.0
内蒙古	5 027.2	0.0	5 027.2	0.0
辽　宁	32 116.5	0.0	24 827.1	7 289.4
吉　林	1 146.8	5.6	1 141.2	0.0
黑龙江	46 150.1	22.2	46 127.8	0.0
上　海	1 408 836.1	0.0	1 131 715.8	277 120.3
江　苏	2 113 100.4	46 112.8	2 019 388.7	47 598.9
浙　江	6 852 434.9	0.0	6 852 434.9	0.0
安　徽	56 820.0	0.0	56 739.3	80.8
福　建	234 784.7	359.0	234 425.7	0.0
江　西	33 341.4	5 661.9	27 551.5	128.0
山　东	970 001.2	1 809.8	968 191.4	0.0
河　南	456 060.7	80 150.8	373 554.6	2 355.3
湖　北	156 275.6	1 347.4	154 928.2	0.0
湖　南	181 039.8	4 136.1	174 684.6	2 219.1
广　东	20 958 925.7	11 441 557.8	9 517 367.8	0.0
广　西	116 051.8	76 010.9	40 040.9	0.0
海　南	1 375.2	3.6	1 371.6	0.0
重　庆	30 333.9	6 006.4	24 327.5	0.0
四　川	106 553.6	33 726.7	59 826.8	13 000.0
贵　州	77 722.1	7 385.6	70 300.1	36.5
云　南	705 629.6	616 968.7	88 660.9	0.0
西　藏	0.8	0.0	0.8	0.0
陕　西	280 380.8	33 069.4	247 267.4	44.1
甘　肃	42 217.5	47.3	42 170.2	0.0
青　海	15 398.1	0.0	15 398.1	0.0
宁　夏	14 689.6	0.0	14 689.6	0.0
新　疆	14 425.7	420.9	14 004.9	0.0

（续）

地区	累计集体分红金额（万元）			
	合计数	组级	村级	镇级
全　国	7 180 638.0	3 161 959.0	3 896 523.4	122 155.6
北　京	795 658.0	0.0	707 567.7	88 090.3
天　津	5 987.6	0.0	5 987.6	0.0
河　北	6 898.1	186.4	6 711.7	0.0
山　西	4 164.6	3 056.0	1 108.7	0.0
内蒙古	700.6	0.0	700.6	0.0
辽　宁	1 460.7	0.0	1 460.7	0.0
吉　林	295.0	1.4	293.7	0.0
黑龙江	8 540.1	2.5	8 537.6	0.0
上　海	182 261.2	0.0	151 391.2	30 870.0
江　苏	139 551.7	2 878.8	135 319.9	1 353.1
浙　江	65 933.0	0.0	65 933.0	0.0
安　徽	5 639.6	20.0	5 619.6	0.0
福　建	21 255.2	0.0	21 255.2	0.0
江　西	8 043.7	1 018.9	6 714.9	310.0
山　东	55 626.1	13.6	55 612.5	0.0
河　南	30 053.2	33.8	29 264.0	755.4
湖　北	10 385.1	10.5	10 374.6	0.0
湖　南	7 304.5	2 525.2	4 035.6	743.7
广　东	5 748 299.6	3 138 018.8	2 610 280.8	0.0
广　西	1 655.3	275.8	1 379.6	0.0
海　南	12.0	0.0	12.0	0.0
重　庆	3 691.1	350.3	3 340.8	0.0
四　川	8 131.5	209.5	7 922.0	0.0
贵　州	20 544.2	61.5	20 449.7	33.0
云　南	25 175.2	12 648.1	12 527.1	0.0
西　藏	1.6	1.2	0.4	0.0
陕　西	17 185.0	596.9	16 588.0	0.0
甘　肃	843.9	0.0	843.9	0.0
青　海	1 123.2	0.0	1 123.2	0.0
宁　夏	2 050.4	0.0	2 050.4	0.0
新　疆	2 166.9	50.0	2 116.9	0.0

（续）

地区	年末资产总额（万元）			
	合计数	组级	村级	镇级
全　国	**702 556 027.8**	**64 563 480.6**	**602 255 667.4**	**35 736 879.8**
北　京	79 877 286.3	0.0	60 318 400.4	19 558 886.0
天　津	13 733 762.8	0.0	13 733 762.8	0.0
河　北	22 825 432.7	37 854.3	22 524 173.7	263 404.6
山　西	26 766 533.0	1 114 475.0	25 629 611.9	22 446.1
内蒙古	7 600 512.0	117 403.6	7 475 913.1	7 195.4
辽　宁	9 048 946.5	110 585.4	8 869 404.2	68 956.8
吉　林	5 567 746.8	138 767.5	5 389 514.7	39 464.5
黑龙江	7 477 364.4	13 306.8	7 464 057.6	0.0
上　海	27 545 355.6	0.0	13 534 431.8	14 010 923.9
江　苏	41 251 840.9	257 598.3	40 190 689.9	803 552.7
浙　江	78 671 059.1	0.0	78 671 059.1	0.0
安　徽	14 297 945.6	33 235.4	14 261 182.9	3 527.3
福　建	15 497 331.6	74 223.5	15 407 484.5	15 623.6
江　西	11 970 501.4	3 181 742.7	8 617 310.0	171 448.7
山　东	65 755 289.3	400 269.1	65 355 020.2	0.0
河　南	35 580 411.6	1 430 967.7	34 003 562.4	145 881.6
湖　北	20 933 233.2	276 426.0	20 651 649.3	5 157.8
湖　南	13 852 613.2	1 087 151.8	12 532 469.5	232 991.9
广　东	94 365 196.7	32 783 432.9	61 581 763.8	0.0
广　西	7 683 920.6	1 747 500.7	5 934 283.9	2 136.0
海　南	1 671 322.8	695 398.1	973 863.9	2 060.8
重　庆	6 784 753.1	1 288 340.8	5 489 030.6	7 381.7
四　川	21 215 267.3	5 925 752.5	15 169 395.1	120 119.7
贵　州	8 582 993.8	563 124.6	7 924 356.1	95 513.2
云　南	18 469 327.6	11 196 801.3	7 266 913.2	5 613.1
西　藏	329.8	3.6	326.2	0.0
陕　西	19 883 822.1	1 856 794.9	17 928 928.5	98 098.7
甘　肃	14 651 302.2	114 395.8	14 480 632.4	56 274.0
青　海	2 195 421.3	335.7	2 195 085.6	0.0
宁　夏	1 503 442.2	0.0	1 503 220.3	221.8
新　疆	7 295 762.4	117 592.7	7 178 169.7	0.0

（续）

地区	经营性资产总额（万元）			
	合计数	组级	村级	镇级
全　　国	**301 333 964.8**	**29 267 303.3**	**241 911 129.4**	**30 155 532.1**
北　　京	61 058 409.9	0.0	42 006 508.1	19 051 901.7
天　　津	6 473 939.9	0.0	6 473 939.9	0.0
河　　北	7 381 825.8	8 812.1	7 293 845.3	79 168.4
山　　西	5 370 199.3	136 919.7	5 228 082.4	5 197.2
内　蒙古	1 681 987.2	13 861.8	1 668 125.4	0.0
辽　　宁	2 790 381.3	25 383.7	2 741 603.8	23 393.9
吉　　林	942 635.9	19 549.3	910 776.7	12 309.8
黑龙江	3 624 266.0	24.7	3 624 241.3	0.0
上　　海	18 614 967.1	0.0	8 245 813.2	10 369 153.9
江　　苏	21 744 420.4	153 802.9	21 226 103.5	364 514.0
浙　　江	33 400 519.3	0.0	33 400 519.3	0.0
安　　徽	3 679 300.9	5 149.3	3 672 655.0	1 496.6
福　　建	4 711 247.5	33 819.9	4 676 533.9	893.7
江　　西	2 797 793.0	531 523.5	2 212 559.5	53 710.0
山　　东	23 786 787.6	135 175.0	23 651 612.6	0.0
河　　南	9 250 416.5	821 189.3	8 391 605.6	37 621.6
湖　　北	6 082 671.9	113 967.0	5 967 791.8	913.0
湖　　南	2 593 483.9	136 954.3	2 376 065.0	80 464.6
广　　东	61 620 590.6	21 754 284.9	39 866 305.7	0.0
广　　西	2 130 971.2	447 316.4	1 682 273.2	1 381.6
海　　南	259 877.0	86 057.5	173 067.2	752.3
重　　庆	1 003 796.7	226 029.8	774 243.7	3 523.1
四　　川	3 994 781.4	1 337 122.7	2 652 042.4	5 616.3
贵　　州	1 494 351.2	206 194.7	1 272 178.0	15 978.5
云　　南	3 612 169.6	2 095 961.8	1 516 207.9	0.0
西　　藏	321.1	0.0	321.1	0.0
陕　　西	5 426 099.3	898 320.3	4 484 223.5	43 555.6
甘　　肃	1 807 725.5	53 150.1	1 750 810.8	3 764.6
青　　海	767 459.9	178.1	767 281.8	0.0
宁　　夏	740 234.8	0.0	740 013.0	221.8
新　　疆	2 490 333.2	26 554.5	2 463 778.7	0.0

（续）

地区	上缴税费总额（万元）			
	合计数	组级	村级	镇级
全　国	**1 020 536.9**	**122 574.1**	**749 655.0**	**148 307.7**
北　京	280 044.3	0.0	166 755.2	113 289.1
天　津	5 498.9	0.0	5 498.9	0.0
河　北	2 105.1	20.0	2 085.1	0.0
山　西	5 773.5	0.2	5 773.2	0.0
内蒙古	46.4	0.0	46.4	0.0
辽　宁	3 083.9	0.0	3 083.9	0.0
吉　林	430.6	0.0	430.6	0.0
黑龙江	59.1	0.0	59.1	0.0
上　海	94 167.8	0.0	59 172.1	34 995.7
江　苏	47 357.5	0.0	47 357.5	0.0
浙　江	94 959.5	0.0	94 959.5	0.0
安　徽	1 237.6	0.0	1 237.6	0.0
福　建	14 112.5	58.0	14 054.5	0.0
江　西	10 106.3	3.0	10 094.3	9.0
山　东	52 477.9	1.0	52 477.0	0.0
河　南	6 390.1	1 206.0	5 183.9	0.2
湖　北	3 804.4	2.5	3 801.9	0.0
湖　南	2 442.2	452.2	1 990.0	0.0
广　东	366 770.3	112 850.7	253 919.6	0.0
广　西	6 068.7	711.1	5 357.6	0.0
海　南	0.0	0.0	0.0	0.0
重　庆	638.2	0.0	638.2	0.0
四　川	1 058.2	0.0	1 058.2	0.0
贵　州	11 169.6	3 106.9	8 048.8	13.9
云　南	4 688.9	3 704.5	984.4	0.0
西　藏	0.0	0.0	0.0	0.0
陕　西	1 627.3	22.1	1 605.2	0.0
甘　肃	1 199.4	436.1	763.3	0.0
青　海	45.6	0.0	45.6	0.0
宁　夏	181.3	0.0	181.3	0.0
新　疆	2 991.9	0.0	2 991.9	0.0

（续）

地区	代缴红利税总额（万元）			
	合计数	组级	村级	镇级
全　国	**35 130.7**	**1 977.1**	**26 970.1**	**6 183.4**
北　京	16 839.8	0.0	10 656.5	6 183.3
天　津	22.5	0.0	22.5	0.0
河　北	387.2	20.0	367.2	0.0
山　西	29.0	0.1	28.9	0.0
内蒙古	0.3	0.0	0.3	0.0
辽　宁	206.2	0.0	206.2	0.0
吉　林	18.6	0.0	18.6	0.0
黑龙江	0.0	0.0	0.0	0.0
上　海	3 359.5	0.0	3 359.5	0.0
江　苏	2 168.5	0.0	2 168.5	0.0
浙　江	148.0	0.0	148.0	0.0
安　徽	167.2	0.0	167.2	0.0
福　建	262.4	0.0	262.4	0.0
江　西	102.0	0.0	102.0	0.0
山　东	443.2	0.0	443.2	0.0
河　南	160.0	0.2	159.7	0.2
湖　北	671.7	0.0	671.7	0.0
湖　南	979.7	445.5	534.2	0.0
广　东	5 560.0	1 419.9	4 140.1	0.0
广　西	467.1	75.6	391.4	0.0
海　南	0.0	0.0	0.0	0.0
重　庆	166.0	0.0	166.0	0.0
四　川	79.4	0.0	79.4	0.0
贵　州	2 034.6	0.2	2 034.5	0.0
云　南	227.8	15.6	212.2	0.0
西　藏	0.0	0.0	0.0	0.0
陕　西	7.3	0.0	7.3	0.0
甘　肃	5.2	0.0	5.2	0.0
青　海	0.0	0.0	0.0	0.0
宁　夏	27.2	0.0	27.2	0.0
新　疆	590.2	0.0	590.2	0.0

（续）

地区	本年已向成员分红的单位数（个）			
	合计数	组级	村级	镇级
全　国	93 986	30 523	63 205	258
北　京	1 415	0	1 410	5
天　津	166	0	166	0
河　北	5 331	28	5 303	0
山　西	1 297	53	1 243	1
内蒙古	33	1	32	0
辽　宁	167	59	107	1
吉　林	25	5	20	0
黑龙江	295	2	293	0
上　海	645	0	620	25
江　苏	3 589	322	3 236	31
浙　江	3 757	0	3 757	0
安　徽	1 875	0	1 875	0
福　建	238	3	235	0
江　西	1 593	159	1 421	13
山　东	3 711	59	3 652	0
河　南	1 849	359	1 476	14
湖　北	379	17	361	1
湖　南	920	267	618	35
广　东	48 146	25 982	22 164	0
广　西	876	619	243	14
海　南	15	10	5	0
重　庆	1 583	153	1 426	4
四　川	4 185	427	3 744	14
贵　州	3 542	198	3 245	99
云　南	1 607	1 478	129	0
西　藏	0		0	0
陕　西	5 426	309	5 116	1
甘　肃	859	12	847	0
青　海	189	0	189	0
宁　夏	66	0	66	0
新　疆	207	1	206	0

表6 农村集体经济财务会计管理和审计情况统计表

指标名称	代码	计量单位	数量	比上年增长（%）
一、农村财务管理情况				
（一）实行财务公开村数	1	个	556 306	−0.4
（二）建立村民主理财小组的村数	2	个	557 176	0.5
（三）实行村会计委托代理制的乡镇数	3	个	34 756	0.6
其中：涉及村数	4	个	511 120	1.6
（四）实行会计电算化的村数	5	个	468 289	7.6
二、农村集体经济审计情况				
（一）已审计单位数	6	个	415 682	−29.0
其中：违纪单位个数	7	个	2 480	−38.4
（二）审计资金总额	8	万元	260 801 963.5	−37.8
其中：违纪金额	9	万元	14 500.7	−72.4
退赔金额	10	万元	4 135.8	−40.2
（三）贪污案件数	11	件	43	−51.1
其中：万元以上贪污案件数	12	件	25	−55.4
（四）贪污总金额	13	万元	172.9	−88.8
（五）受处分人数	14	人	1 089	−45.5
其中：受刑事处理人数	15	人	50	−41.2
（六）成立审计机构的县数	16	个	1 976	14.5
（七）审计人员数	17	人	70 618	−12.0
其中：持审计证人员数	18	人	27 806	−6.3
三、附报				
（一）村干部任期和离任审计数	19	件	308 659	−25.6
（二）土地补偿费专项审计数	20	件	232 539	458.6

表6-1 各地区农村集体经济财务会计管理和审计情况统计表

地区	实行财务公开村数（个）	建立村民主理财小组的村数（个）	实行村会计委托代理制的乡镇数（个）	实行村会计委托代理制涉及村数（个）
全 国	**556 306**	**557 176**	**34 756**	**511 120**
北 京	3 983	3 964	187	3 882
天 津	3 623	3 624	154	3 622
河 北	49 700	49 188	2 020	45 625
山 西	25 441	25 340	1 218	24 957
内蒙古	11 178	10 933	681	8 467
辽 宁	12 268	12 297	1 009	11 399
吉 林	9 332	9 288	756	9 094
黑龙江	8 992	8 878	49	417
上 海	1 556	1 556	117	1 566
江 苏	17 009	17 748	1 017	14 630
浙 江	23 286	23 137	1 316	23 252
安 徽	16 109	16 078	1 452	15 882
福 建	15 263	15 241	1 091	15 194
江 西	17 688	20 797	1 538	17 054
山 东	82 349	82 303	1 747	81 749
河 南	48 914	51 388	2 462	45 473
湖 北	23 804	23 771	1 179	23 548
湖 南	26 298	25 911	2 306	25 523
广 东	21 045	19 609	1 459	16 871
广 西	15 102	13 635	1 268	13 776
海 南	1 983	3 058	290	1 781
重 庆	9 196	9 196	925	9 033
四 川	29 347	29 541	2 715	26 864
贵 州	16 243	15 921	1 718	13 206
云 南	13 715	17 756	1 399	13 845
西 藏	3 834	1 064	183	913
陕 西	17 706	16 206	1 179	14 246
甘 肃	16 081	14 915	1 804	14 765
青 海	4 094	3 669	456	3 319
宁 夏	2 237	2 234	205	2 237
新 疆	8 930	8 930	856	8 930

（续）

地区	实行会计电算化的村数（个）	已审计单位数（个）	违纪单位个数（个）	审计资金总额（万元）
全　　国	**468 289**	**415 682**	**2 480**	**260 801 963.5**
北　　京	3 983	8 502	0	59 155 561.9
天　　津	3 624	2 625	12	3 723 700.7
河　　北	37 703	31 668	124	8 085 250.3
山　　西	23 343	23 244	166	15 630 908.6
内 蒙 古	6 527	4 302	33	579 665.3
辽　　宁	9 980	7 130	5	1 698 988.7
吉　　林	9 141	5 464	52	1 309 618.1
黑 龙 江	4 603	6 087	100	1 283 453.9
上　　海	1 562	2 913	0	13 327 957.6
江　　苏	16 850	12 425	152	10 539 920.9
浙　　江	23 287	12 758	339	35 992 720.6
安　　徽	16 076	11 435	47	2 018 914.8
福　　建	15 205	14 560	112	18 600 983.5
江　　西	16 307	12 329	12	1 762 494.0
山　　东	80 673	73 705	272	24 666 248.6
河　　南	39 190	19 669	92	4 315 127.5
湖　　北	23 423	20 272	221	6 115 221.2
湖　　南	24 554	18 334	286	3 387 658.0
广　　东	16 277	23 619	116	30 306 665.9
广　　西	9 597	7 830	7	648 499.5
海　　南	1 439	872	5	45 251.0
重　　庆	8 872	5 821	5	1 816 067.9
四　　川	21 456	15 950	37	1 859 475.9
贵　　州	7 451	12 452	76	1 724 061.4
云　　南	9 875	29 526	5	1 432 745.6
西　　藏	381	915	1	17 574.2
陕　　西	9 021	13 799	20	2 936 032.2
甘　　肃	16 093	7 943	2	993 105.6
青　　海	2 195	2 186	0	318 386.8
宁　　夏	2 237	1 015	0	393 167.2
新　　疆	7 364	6 332	181	6 116 536.1

（续）

地区	违纪金额 （万元）	退赔金额 （万元）	贪污案件数 （个）	万元以上 贪污案件数 （个）
全 国	**14 500.7**	**4 135.8**	**43**	**25**
北 京	0.0	0.0	0	0
天 津	2.0	2.5	0	0
河 北	1 681.0	67.2	0	0
山 西	652.5	247.1	0	0
内 蒙 古	336.9	2.7	0	0
辽 宁	23.8	22.7	0	0
吉 林	108.9	1.9	0	0
黑 龙 江	195.0	77.7	0	0
上 海	0.0	0.0	0	0
江 苏	806.7	196.5	5	0
浙 江	3 114.7	974.1	1	0
安 徽	176.2	222.4	0	0
福 建	227.3	246.7	0	0
江 西	44.7	50.8	1	1
山 东	451.4	216.1	3	1
河 南	452.5	48.9	3	2
湖 北	2 041.0	456.5	3	3
湖 南	792.8	614.8	21	15
广 东	202.0	155.6	2	0
广 西	5.9	8.5	0	0
海 南	50.6	40.9	0	0
重 庆	4.1	8.9	0	0
四 川	247.9	79.9	1	1
贵 州	74.0	133.9	0	0
云 南	11.8	25.8	0	0
西 藏	0.0	0.0	0	0
陕 西	1 014.7	19.8	2	1
甘 肃	0.6	0.0	0	0
青 海	0.0	0.0	0	0
宁 夏	0.0	0.0	0	0
新 疆	1 781.5	213.9	1	1

（续）

地区	贪污总金额（万元）	受处分人数（个）	受刑事处理人数（个）	成立审计机构的县数（个）
全　　国	**172.9**	**1 089**	**50**	**1 976**
北　　京	0.0	0	0	14
天　　津	0.0	4	0	2
河　　北	0.0	26	9	145
山　　西	0.0	67	1	67
内蒙古	0.0	0	0	19
辽　　宁	0.0	10	1	35
吉　　林	0.0	3	0	36
黑龙江	0.0	127	0	64
上　　海	0.0	0	0	6
江　　苏	2.4	148	4	151
浙　　江	0.2	29	2	32
安　　徽	0.0	30	0	48
福　　建	0.0	1	0	35
江　　西	0.5	20	0	96
山　　东	3.5	137	1	126
河　　南	8.9	39	0	112
湖　　北	35.6	166	13	67
湖　　南	120.8	125	4	131
广　　东	0.0	31	0	94
广　　西	0.0	25	2	39
海　　南	0.0	12	0	2
重　　庆	0.0	5	0	14
四　　川	0.0	23	1	93
贵　　州	0.0	16	3	133
云　　南	0.0	4	3	40
西　　藏	0.0	1	0	118
陕　　西	0.0	11	2	128
甘　　肃	0.0	0	0	69
青　　海	0.0	0	0	4
宁　　夏	0.0	0	0	22
新　　疆	1.0	29	4	34

（续）

地 区	审计人员数 （个）	持审计证 人员数 （个）	村干部任期和 离任审计数 （个）	土地补偿费 专项审计数 （个）
全 国	**70 618**	**27 806**	**308 659**	**232 539**
北 京	890	479	1 467	363
天 津	1 123	371	2 206	315
河 北	4 799	2 148	26 041	916
山 西	3 783	2 935	19 305	669
内 蒙 古	414	186	3 069	56
辽 宁	1 686	536	5 082	222
吉 林	1 342	965	5 301	304
黑 龙 江	1 219	475	4 394	105
上 海	263	121	1 406	38
江 苏	3 059	803	6 541	545
浙 江	1 164	485	2 989	68
安 徽	893	603	8 454	415
福 建	2 260	843	14 300	394
江 西	2 510	613	9 872	406
山 东	6 169	5 142	54 802	3 263
河 南	2 933	1 624	14 594	997
湖 北	3 383	2 147	16 543	1 494
湖 南	6 105	1 455	12 712	847
广 东	4 561	1 850	4 448	1 548
广 西	2 623	239	6 155	123 686
海 南	187	18	1 571	176
重 庆	2 090	265	9 447	246
四 川	3 584	810	18 259	1 197
贵 州	4 461	634	25 548	73 572
云 南	2 749	519	10 453	104
西 藏	710	100	1 110	20 057
陕 西	1 660	858	9 649	244
甘 肃	2 431	283	5 227	112
青 海	225	45	901	19
宁 夏	235	102	324	77
新 疆	1 107	152	6 489	84

表7 农村产权流转交易市场情况试统计表

指标名称	代码	计量单位	数量
一、农村产权流转交易市场基本情况			
1. 数量	1	个	1 153
（1）省级	2	个	14
（2）地市级	3	个	81
（3）县级	4	个	758
（4）乡镇级	5	个	300
2. 当年经营总收入	6	万元	231 382.1
其中：财政补助收入	7	万元	35 685.7
3. 当年利润总额	8	万元	96 431.1
4. 工作人员数量	9	个	15 818
其中：专职工作人员数量	10	个	7 610
二、农村产权流转交易市场流转交易情况			
1. 当年流转交易数量	11	宗	677 455
其中：（1）重要品种流转交易情况			
①农户承包土地经营权	12	亩	12 405 551.17
②"四荒"使用权	13	亩	3 336 708.56
③农村集体经营性资产	14	宗	178 534
（2）线上平台流转交易数量	15	宗	228 447
2. 累计流转交易数量	16	宗	33 592 066
其中：（1）重要品种流转交易情况			
①农户承包土地经营权	17	亩	42 609 659.36
②"四荒"使用权	18	亩	5 083 689.21
③农村集体经营性资产	19	宗	605 759
（2）线上平台流转交易数量	20	宗	512 204
3. 当年流转交易金额	21	万元	15 458 543.7
其中：（1）重要品种流转交易情况			

（续）

指标名称	代码	计量单位	数量
①农户承包土地经营权	22	万元	3 270 997.4
②"四荒"使用权	23	万元	268 347.6
③农村集体经营性资产	24	万元	7 094 658.5
（2）线上平台流转交易金额	25	万元	7 257 846.7
4. 累计流转交易金额	26	万元	82 874 390.0
其中：（1）重要品种流转交易情况			
①农户承包土地经营权	27	万元	22 009 369.2
②"四荒"使用权	28	万元	1 388 173.4
③农村集体经营性资产	29	万元	38 903 295.1
（2）线上平台流转交易金额	30	万元	26 841 514.8
三、农村产权流转交易市场开展融资情况			
1. 当年农村产权融资贷款总额	31	万元	633 503.0
2. 累计农村产权融资贷款总额	32	万元	3 950 804.2
3. 当年农户承包土地经营权融资贷款总额	33	万元	401 316.4
4. 累计农户承包土地经营权融资贷款总额	34	万元	2 725 485.5
5. 当年农户承包土地经营权融资贷款面积	35	亩	1 052 609.4
6. 累计农户承包土地经营权融资贷款面积	36	亩	6 635 348.2
四、农村产权流转交易市场开展信息化情况			
1. 建立农村产权流转交易线上平台数量	37	个	896
（1）省级	38	个	16
其中：配有手机 App 数量	39	个	6
（2）地市级	40	个	75
其中：配有手机 App 数量	41	个	8
（3）县级	42	个	608
其中：配有手机 App 数量	43	个	34
（4）乡镇级	44	个	197
其中：配有手机 App 数量	45	个	35

表 7-1 各地区农村产权流转交易市场情况试统计表

地区	农村产权流转交易市场数量（个）	省级农村产权流转交易市场数量（个）	地市级农村产权流转交易市场数量（个）	县级农村产权流转交易市场数量（个）	乡镇级农村产权流转交易市场数量（个）
全　国	1 153	14	81	758	300
北　京	1	1	0	0	0
天　津	1	1	0	0	0
河　北	170	1	13	156	0
山　西	3	0	1	2	0
内蒙古	4	0	0	3	1
辽　宁	6	1	4	1	0
吉　林	1	1	0	0	0
黑龙江	6	1	1	4	0
上　海	2	2	0	0	0
江　苏	76	0	3	73	0
浙　江	164	0	1	30	133
安　徽	67	0	12	35	20
福　建	16	0	0	4	12
江　西	32	0	1	31	0
山　东	48	1	3	38	6
河　南	17	0	2	14	1
湖　北	127	0	7	53	67
湖　南	23	0	0	22	1
广　东	87	0	2	44	41
广　西	107	1	5	101	0
海　南	2	1	1	0	0
重　庆	22	1	0	21	0
四　川	43	1	11	31	0
贵　州	53	1	4	30	18
云　南	5	0	1	4	0
陕　西	37	0	1	36	0
甘　肃	4	0	1	3	0
青　海	0	0	0	0	0
宁　夏	21	0	2	19	0
新　疆	8	0	5	3	0

（续）

地区	农村产权流转交易市场当年经营总收入（万元）	农村产权流转交易市场财政补助收入（万元）	农村产权流转交易市场当年利润总额（万元）	农村产权流转交易市场工作人员数量（个）	农村产权流转交易市场专职工作人员数量（个）
全　　国	**231 382.1**	**35 685.7**	**96 431.1**	**15 818**	**7 610**
北　　京	1 522.0	907.0	406.0	26	26
天　　津	936.2	0.0	288.4	38	38
河　　北	6 047.1	2 647.6	−7.4	801	622
山　　西	0.0	0.0	0.0	19	2
内　蒙　古	37.6	0.0	7.0	26	25
辽　　宁	482.6	5.0	−18.6	602	108
吉　　林	425.8	196.0	17.2	21	16
黑　龙　江	660.3	13.5	113.4	214	57
上　　海	56.8	0.0	−139.7	8	0
江　　苏	81 303.5	4 393.5	12 377.7	2 504	1 458
浙　　江	6 415.3	931.6	4 662.9	394	176
安　　徽	66 793.8	221.6	60 006.1	705	226
福　　建	0.0	0.0	0.0	42	26
江　　西	635.3	292.3	133.6	188	68
山　　东	1 996.4	250.8	155.6	305	203
河　　南	148.3	70.0	−46.7	97	63
湖　　北	33 353.9	16 349.5	6 372.8	1 180	380
湖　　南	7 996.9	3 343.1	3 639.6	472	216
广　　东	0.0	0.0	0.0	4 227	2 355
广　　西	1 735.0	246.9	−201.3	965	694
海　　南	193.7	0.0	35.7	18	18
重　　庆	4 086.3	372.3	639.6	114	57
四　　川	11 172.0	3 783.4	6 926.9	1 589	279
贵　　州	4 496.1	1 500.2	1 058.8	312	131
云　　南	122.0	120.0	2.0	48	16
陕　　西	15.8	15.0	15.0	663	266
甘　　肃	6.0	0.0	0.0	40	10
青　　海	0.0	0.0	0.0	0	0
宁　　夏	541.5	26.5	−20.0	55	40
新　　疆	202.0	0.0	6.4	145	34

（续）

地区	农村产权流转交易市场当年流转交易数量（宗）	农户承包土地经营权当年流转交易面积（亩）	"四荒"使用权当年流转交易面积（亩）	农村集体经营性资产当年流转交易数量（宗）	当年线上平台农村产权流转交易数量（宗）
全　国	**677 455**	**12 405 551. 17**	**3 336 708. 56**	**178 534**	**228 447**
北　京	513	25 140	150	300	513
天　津	2 694	324 857. 26	394. 35	653	2 626
河　北	14 283	1 009 332. 57	91 298. 56	2 346	7 804
山　西	10	257. 63	0	8	0
内蒙古	43	55 127	0	0	40
辽　宁	7 926	90 466. 24	4 125. 68	154	5 606
吉　林	11 751	0	0	11 751	11 751
黑龙江	53 089	70 203. 14	3 055 195. 23	1 275	47 215
上　海	6 315	547 366. 87	0	818	6 303
江　苏	284 511	4 178 383. 12	59 970. 41	75 319	89 706
浙　江	15 229	190 991. 07	2 600. 35	6 399	5 352
安　徽	10 302	529 755. 03	7 132. 31	1 293	2 904
福　建	3 866	5 086. 6	0	97	1
江　西	10 449	1 796 551. 86	10 629. 55	415	7 740
山　东	9 315	529 813. 99	19 502. 71	729	5 958
河　南	360	90 158. 34	1 114	70	299
湖　北	68 000	453 868. 29	44 643. 48	1 343	8 218
湖　南	41 443	293 783. 09	7 624. 88	1 383	390
广　东	69 796	254 873. 47	4 759. 94	69 561	12 211
广　西	1 189	92 286. 9	2 706. 32	178	414
海　南	3	81. 4	0	2	2
重　庆	270	20 909	946	10	48
四　川	31 231	675 874. 8	11 055. 27	985	9 141
贵　州	4 288	69 821. 77	520	581	31
云　南	2 684	60 494. 33	5 266. 5	4	559
陕　西	15 142	271 858. 64	510	2 649	2 308
甘　肃	188	61 500	551. 02	0	0
青　海	0	0	0	0	0
宁　夏	458	171 316. 76	6 012	180	320
新　疆	12 107	535 392	0	31	987

（续）

地区	农村产权流转交易市场累计流转交易数量（宗）	农户承包土地经营权累计流转交易面积（亩）	"四荒"使用权累计流转交易面积（亩）	农村集体经营性资产累计流转交易数量（宗）	累计线上平台农村产权流转交易数量（宗）
全　国	**33 592 066**	**42 609 659.36**	**5 083 689.21**	**605 759**	**512 204**
北　京	1 766	241 255	35 121	799	1 766
天　津	6 384	1 099 163.4	768.32	1 094	6 258
河　北	20 867	1 884 360.7	155 530.54	3 225	11 107
山　西	13	16 426.03	3 305.96	11	0
内蒙古	106	140 570	0	0	106
辽　宁	20 236	153 070.4	3 143.25	157	16 476
吉　林	11 757	0	0	11 757	11 757
黑龙江	67 657	149 017.6	3 625 379.14	1 488	49 741
上　海	25 501	2 265 531.26	0	2 234	25 468
江　苏	32 343 485	18 465 617.4	508 926.87	218 963	222 162
浙　江	45 404	347 216.76	5 688.4	20 550	17 917
安　徽	116 666	1 518 503.22	36 402.06	3 497	8 566
福　建	4 166	11 214.24	0	97	1
江　西	21 643	3 468 146.68	99 418.96	1 921	16 031
山　东	82 884	2 003 983.31	128 799.23	5 413	18 650
河　南	1 629	378 194.94	1 896.2	126	391
湖　北	236 809	2 334 085.97	301 108.07	4 040	24 415
湖　南	54 396	351 017.02	16 951.3	1 487	1 869
广　东	353 832	659 310.93	29 498.86	322 740	37 021
广　西	19 841	593 384.94	10 319.12	214	519
海　南	3	81.4	0	2	3
重　庆	1 438	285 877	12 930.85	21	908
四　川	88 254	3 817 158.56	71 952.52	2 336	25 020
贵　州	8 227	158 189.36	6 575	581	58
云　南	2 768	107 436.09	5 266.5	4	607
陕　西	37 258	703 486.66	15 908.1	2 720	12 859
甘　肃	883	210 300	2 402.96	0	0
青　海	0	0	0	0	0
宁　夏	1 114	674 316.49	6 396	238	616
新　疆	17 079	572 744	0	44	1 912

（续）

地区	当年农村产权流转交易金额（万元）	农户承包土地经营权当年流转交易金额（万元）	"四荒"使用权当年流转交易金额（万元）	农村集体经营性资产当年流转交易金额（万元）	当年线上平台农村产权流转交易金额（万元）
全　国	15 458 543.7	3 270 997.4	268 347.6	7 094 658.5	7 257 846.7
北　京	198 697.0	48 872.0	388.0	149 437.0	198 697.0
天　津	500 029.7	137 616.5	188.5	148 029.2	453 869.8
河　北	1 311 736.4	18 852.0	60 698.0	93 057.4	140 998.7
山　西	4 569.8	346.1	0.0	4 186.7	0.0
内蒙古	6 300.0	6 300.0	0.0	0.0	6 300.0
辽　宁	19 789.2	7 780.4	846.9	6 358.7	14 156.3
吉　林	60 039.0	0.0	0.0	60 039.0	60 039.0
黑龙江	86 873.0	4 563.9	56 545.3	12 579.5	83 533.8
上　海	374 349.0	110 012.6	0.0	264 336.3	235 777.3
江　苏	3 308 422.3	1 691 016.8	19 775.2	770 526.5	1 420 371.2
浙　江	630 320.3	32 900.4	1 823.2	450 100.9	415 808.0
安　徽	191 622.3	38 465.8	57 557.7	31 991.0	99 484.5
福　建	25 744.2	23 035.9	0.0	1 749.7	323.7
江　西	132 237.4	122 265.4	294.0	6 199.6	101 028.0
山　东	447 800.1	312 399.1	14 426.1	16 401.3	381 027.9
河　南	17 593.2	13 395.1	963.3	1 837.8	11 170.1
湖　北	138 644.6	31 945.0	3 135.6	27 094.3	57 005.7
湖　南	23 966.4	21 583.0	167.4	362.7	8 001.0
广　东	5 882 309.1	182 626.4	48 788.6	5 018 651.6	1 676 413.2
广　西	72 054.3	48 173.0	69.9	10 380.9	22 111.2
海　南	2 290.8	1 742.0	0.0	548.8	2 290.8
重　庆	8 477.8	6 491.6	184.4	118.3	2 556.6
四　川	1 843 101.2	274 967.3	411.4	16 978.0	1 796 257.9
贵　州	19 579.0	19 111.1	0.5	98.3	482.8
云　南	16 683.3	16 098.7	323.5	261.0	2 306.9
陕　西	22 104.2	19 880.2	0.5	113.0	3 723.6
甘　肃	6 533.0	6 276.4	256.6	0.0	0.0
青　海	0.0	0.0	0.0	0.0	0.0
宁　夏	52 480.6	32 509.2	1 503.0	2 982.8	49 999.6
新　疆	54 197.0	41 771.1	0.0	238.3	14 112.2

（续）

地区	农村产权流转交易市场累计流转交易金额（万元）	农户承包土地经营权累计流转交易金额（万元）	"四荒"使用权累计流转交易金额（万元）	农村集体经营性资产累计流转交易金额（万元）	累计线上平台农村产权流转交易金额（万元）
全　国	82 874 390.0	22 009 369.2	1 388 173.4	38 903 295.1	26 841 514.8
北　京	2 821 958.0	530 567.0	24 176.0	2 267 215.0	2 821 958.0
天　津	1 512 634.4	417 569.8	603.3	299 719.5	1 469 128.6
河　北	1 468 726.6	423 417.9	531 894.1	513 414.5	436 595.5
山　西	18 617.4	13 252.2	1 004.5	4 323.6	0.0
内蒙古	12 345.0	12 345.0	0.0	0.0	12 345.0
辽　宁	21 788.5	9 574.5	1 098.5	6 376.8	17 163.4
吉　林	60 115.0	0.0	0.0	60 115.0	60 115.0
黑龙江	113 119.2	10 862.5	66 600.5	20 718.0	101 015.1
上　海	1 908 148.1	728 729.9	0.0	1 138 668.5	1 107 950.1
江　苏	17 267 779.0	9 551 873.2	183 616.2	3 052 830.6	4 531 922.5
浙　江	1 717 317.6	118 129.2	5 185.3	1 152 380.2	1 087 571.1
安　徽	604 792.8	265 604.1	59 570.0	93 794.4	407 098.9
福　建	53 367.5	23 491.8	0.0	1 749.7	323.7
江　西	270 033.9	235 884.8	2 740.9	28 819.7	131 370.6
山　东	1 515 963.0	1 104 690.2	40 741.4	77 461.8	1 381 118.5
河　南	61 736.2	55 303.4	2 194.3	3 347.9	30 622.0
湖　北	3 024 362.5	2 249 466.0	271 184.9	92 842.8	252 246.6
湖　南	25 617.8	23 968.4	281.1	571.5	8 451.1
广　东	34 201 901.4	1 128 998.4	188 087.5	29 768 451.3	5 505 714.5
广　西	326 859.4	267 837.8	1 804.5	11 571.7	41 681.6
海　南	2 290.8	1 742.0	0.0	548.8	2 290.8
重　庆	108 787.7	99 882.0	1 974.1	230.8	73 782.5
四　川	15 131 833.4	4 273 796.0	2 588.2	302 005.1	7 155 469.9
贵　州	188 646.6	84 739.3	59.0	80.9	728.9
云　南	60 591.5	60 006.9	323.5	261.0	7 342.1
陕　西	110 363.4	103 674.6	217.6	1 128.0	26 383.5
甘　肃	32 462.3	32 000.0	462.3	0.0	0.0
青　海	0.0	0.0	0.0	0.0	0.0
宁　夏	176 978.4	132 906.2	1 765.0	4 421.0	154 373.4
新　疆	55 252.7	49 056.1	0.0	246.8	16 751.9

（续）

地区	当年农村产权融资贷款总额（万元）	累计农村产权融资贷款总额（万元）	当年农户承包土地经营权融资贷款总额（万元）	累计农户承包土地经营权融资贷款总额（万元）	当年农户承包土地经营权融资贷款面积（亩）
全 国	633 503.0	3 950 804.2	401 316.4	2 725 485.5	1 052 609.4
北 京	134.0	178 907.0	134.0	2 678.0	20.3
天 津	0.0	0.0	0.0	0.0	0.0
河 北	33 315.0	55 039.4	17 620.0	34 030.3	38 967.7
山 西	0.0	0.0	0.0	0.0	0.0
内蒙古	24 185.0	26 101.0	12 969.0	14 889.3	139 864.0
辽 宁	43 316.8	54 151.0	267.0	272.0	119.5
吉 林	0.0	0.0	0.0	0.0	0.0
黑龙江	9 529.6	74 044.3	9 529.6	74 044.3	95 684.0
上 海	0.0	0.0	0.0	0.0	0.0
江 苏	75 051.9	738 889.4	71 701.8	718 163.9	174 870.4
浙 江	840.0	6 373.0	840.0	6 373.0	1 407.8
安 徽	1 265.0	43 309.3	1 241.7	43 146.9	79 447.9
福 建	1 718.0	55 315.0	107.0	900.0	1 832.0
江 西	0.0	0.0	0.0	0.0	0.0
山 东	198 664.6	959 638.6	120 194.9	739 157.6	84 224.8
河 南	1 525.1	49 580.0	0.0	1 066.5	0.0
湖 北	76 370.3	668 729.7	74 934.5	654 820.0	110 840.9
湖 南	7 700.3	17 995.7	2 504.8	17 203.6	39 745.9
广 东	1 916.0	6 276.0	0.0	0.0	0.0
广 西	18 547.0	197 004.8	12 358.7	83 149.4	39 263.4
海 南	0.0	0.0	0.0	0.0	0.0
重 庆	31 467.4	180 887.8	21 597.5	44 644.5	80 663.2
四 川	21 156.6	335 277.0	6 549.4	78 829.6	7 352.2
贵 州	24 873.4	74 008.0	311.9	1 206.4	2 839.0
云 南	4 434.9	28 505.4	4 434.9	28 505.4	8 503.3
陕 西	12 770.0	50 322.5	12 770.0	50 322.5	10 928.1
甘 肃	0.0	0.0	0.0	0.0	0.0
青 海	0.0	0.0	0.0	0.0	0.0
宁 夏	32 365.7	102 751.5	18 893.3	84 384.6	40 986.9
新 疆	12 356.6	47 697.6	12 356.6	47 697.6	95 048.1

（续）

地区	累计农户承包土地经营权融资贷款面积（亩）	建立农村产权流转交易线上平台数量（个）	省级农村产权流转交易线上平台数量（个）	省级线上平台配有手机App数量（个）	地市级农村产权流转交易线上平台数量（个）
全　国	6 635 348.2	896	16	6	75
北　京	2 047.5	1	1	0	0
天　津	0.0	1	1	1	0
河　北	103 298.3	155	1	1	13
山　西	0.0	0	0	0	0
内蒙古	162 980.0	3	0	0	0
辽　宁	135.6	6	1	0	4
吉　林	0.0	1	1	1	0
黑龙江	354 028.0	4	1	0	1
上　海	0.0	1	1	0	0
江　苏	2 397 751.8	132	2	1	13
浙　江	10 988.6	85	1	0	0
安　徽	424 434.7	28	1	0	8
福　建	7 580.0	1	0	0	0
江　西	0.0	32	0	0	1
山　东	399 158.2	31	1	1	2
河　南	3 555.0	6	0	0	0
湖　北	1 162 465.5	127	0	0	7
湖　南	130 737.0	8	0	0	0
广　东	0.0	87	0	0	2
广　西	309 003.4	107	1	0	5
海　南	0.0	1	0	0	1
重　庆	111 700.0	11	1	1	0
四　川	16 929.1	19	1	0	7
贵　州	10 432.7	14	1	0	3
云　南	93 205.9	3	0	0	1
陕　西	100 883.8	19	0	0	0
甘　肃	0.0	0	0	0	0
青　海	0.0	0	0	0	0
宁　夏	506 485.1	5	0	0	2
新　疆	327 548.1	8	0	0	5

（续）

地区	地市级线上平台配有手机App数量（个）	县级农村产权流转交易线上平台数量（个）	县级线上平台配有手机App数量（个）	乡镇级农村产权流转交易线上平台数量（个）	乡镇级线上平台配有手机App数量（个）
全 国	8	608	34	197	35
北 京	0	0	0	0	0
天 津	0	0	0	0	0
河 北	0	141	0	0	0
山 西	0	0	0	0	0
内 蒙 古	0	3	0	0	0
辽 宁	0	1	0	0	0
吉 林	0	0	0	0	0
黑 龙 江	0	2	0	0	0
上 海	0	0	0	0	0
江 苏	0	117	0	0	0
浙 江	0	15	3	69	21
安 徽	2	10	1	9	6
福 建	0	1	0	0	0
江 西	0	31	4	0	0
山 东	1	25	5	3	0
河 南	0	6	0	0	1
湖 北	0	53	2	67	6
湖 南	0	7	5	1	1
广 东	2	44	0	41	0
广 西	0	101	0	0	0
海 南	0	0	0	0	0
重 庆	0	10	4	0	0
四 川	1	11	0	0	0
贵 州	0	10	2	0	0
云 南	1	2	2	0	0
陕 西	0	12	2	7	0
甘 肃	0	0	0	0	0
青 海	0	0	0	0	0
宁 夏	1	3	4	0	0
新 疆	0	3	0	0	0

CHAPTER 2 | 第二篇

2021年农村政策与改革情况分析报告

2021年农村政策与改革情况统计分析总报告

根据全国 31 个省（自治区、直辖市）2021 年农村政策与改革统计年报数据汇总结果，分析报告如下。

一、家庭承包耕地情况

截至 2021 年底，全国农村家庭承包经营的耕地面积 15.75 亿亩，集体机动地面积 7 731.6 万亩，占集体耕地总面积①的 4.36%；家庭承包经营农户 2.2 亿户，签订家庭承包合同 2.16 亿份，颁发土地承包经营权证 2.1 亿份。2021 年，全国农村土地承包经营权转让面积 1 427.4 万亩，土地承包经营权互换面积 1 531.4 万亩。**一是土地经营权流转规范有序。** 全国家庭承包耕地土地经营权流转总面积 5.57 亿亩，占家庭承包经营耕地面积的 35.4%。其中，以出租（转包）方式流转土地经营权 4.94 亿亩，占土地经营权流转总面积的 88.6%；以入股方式流转土地经营权 3 018.38 万亩，占比 5.4%；以其他形式流转土地经营权 3 311.84 万亩，占比 5.9%。**二是受理的农村土地承包经营纠纷**

---

① "集体耕地总面积"为 17.75 亿亩，数据采用 2017 年全国农村集体资产清产核资数据结果。

连续 5 年下降。截至 2021 年底，全国共设立农村土地承包仲裁委员会 2 595 个，其中县级仲裁委员会 2 478 个。仲裁委员会人员 5.1 万人，其中农民委员 1.3 万人；聘任仲裁员 5.47 万人；仲裁委员会日常工作机构人数 1.65 万人。2021 年，共受理纠纷 17.81 万件，连续 5 年下降，比 2020 年下降 12.1%。2021 年，共调处纠纷 16.59 万件，调处率 93.08%，较 2020 年增长 3.76 个百分点。其中，通过调解解决纠纷 15.51 万件，占比 93.50%；通过仲裁裁决纠纷 1.08 万件，占比 6.50%。

二、村集体收支情况

2021 年，村集体收入保持平稳增长。**一是村集体收入超过 6 500 亿元**。全国村集体经济组织总收入 6 684.9 亿元，村均 122.2 万元。从收入来源[①]看，经营收入 2 409.3 亿元，占总收入的 36.0%；财政补助收入 1 614.7 亿元，占总收入的 24.2%；发包及上交收入 861.1 亿元，占总收入的 12.9%；投资收益 294.2 亿元，占总收入的 4.4%；其他收入 1 505.6 亿元，占总收入的 22.5%。从区域分布看，东、中、西部地区村均集体收入分别为 192.2 万元、81.6 万元、60.4 万元。**二是村集体支出保持同步增长**。2021 年，全国村集体经济组织总支出 4 458.8 亿元，村均 81.5 万元。从支出用途[②]看，经营支出 993.1 亿元，占总支出的

---

① 《村集体经济组织会计制度》规定，村集体收入包括经营收入、发包及上交收入、补助收入、投资收益和其他收入。

② 《村集体经济组织会计制度》规定，村集体支出包括经营支出、管理费用和其他支出。

22.3%；管理费用 1 368.9 亿元，占村均支出的 30.7%；其他支出 2 096.8 亿元，占总支出的 47.0%。从区域分布看，东、中、西部地区村均集体支出分别为 118.9 万元、66.7 万元、40.0 万元。**三是经营收益 5 万元以上的村占比接近六成。**2021 年，村集体经济组织本年实现和上年结转的可分配收益总额为 3 837.7 亿元。其中，本年收益 2 226.1 亿元，村均 40.7 万元。全部统计的 54.7 万个村中，经营收益 5 万元以上的村 32.4 万个，占总村数的 59.2%。**四是村级公益设施和公共服务投入近 1 100 亿元。**2021 年，村集体经济组织利用自有资金进行扩大再生产和公共服务方面的投入总额为 1 251.1 亿元，村均 22.9 万元。其中，扩大再生产支出 165.5 亿元，村均 3.0 万元；村级公益性基础设施建设投入资金 798.1 亿元，村均 14.6 万元；公共服务支出 287.5 亿元，村均 5.3 万元。

三、农村集体经济组织资产情况

农村集体资产总量持续增加，资产负债率保持合理水平。**一是全国农村集体经济组织资产总额达到 8.22 万亿元。**其中，固定资产 4.01 万亿元，增幅 8.7%，占比 48.8%；流动资产 3.47 万亿元，增幅 4.9%，占比 42.2%；长期资产 0.45 万亿元，占比 5.5%；农业资产和其他资产略有减少，分别降至 0.16 万亿元和 0.13 万亿元。**二是农村集体资产主要集中在村级，村均资产超过 1 100 万元。**据统计，全国村集体资产总额 6.43 万亿元，较 2020 年增加 0.45 万亿元，占乡村组三级集体资产总额的 78.2%，村均资产 1 132.6 万元。乡镇级集体资产总额为 0.83

万亿元，占比 10.1%，乡均 1.9 亿元。组级集体资产总额 0.96 万亿元，占比 11.7%，组均 44.1 万元。**三是多数省份的资产负债率在 40% 以下。**全国农村集体经济组织负债总额 3.20 万亿元，较 2020 年增加 0.14 万亿元，同比增长 4.6%。北京、上海和天津的农村集体资产负债率均超过 50%，其他省份大多低于 40%。

四、农村集体产权制度改革情况

截至 2021 年底，全国农村集体产权制度改革阶段性任务基本完成。**一是约 57 万个村完成集体产权制度改革。**完成集体产权制度改革的村 57.0 万个，完成改革的村民小组 39.5 万个。分地区看，东、中、西部地区各有 24.2 万个、17.8 万个、15.0 万个村完成改革，分别占本地区纳入农村集体资产清查单位村数的 99.9%、98.0%、97.8%。东、中、西部地区完成改革的组分别有 24.5 万个、2.7 万个和 12.3 万个。**二是村级改革时点量化资产总额 2.7 万亿元，东部地区村均量化额明显高于中、西部。**已完成集体产权制度改革的村量化资产总额为 2.7 万亿元，村均 473.2 万元；完成集体产权制度改革的组量化资产总额为 3 974.7 亿元，组均 99.5 万元。分地区看，东、中、西部地区完成集体产权制度改革的村量化资产总额分别为 1.6 万亿元、6 730.8 亿元、4 282.4 亿元，村均量化资产总额分别为 659.8 万元、377.9 万元、284.3 万元。**三是确认村集体经济组织成员约 9 亿人，超过 10% 的村本年向成员分红。**村级共确认农村集体经济组织成员约 9.2 亿人。2021 年全国向成员分红的村 6.3 万个，占完成改革村数的 11.0%。

五、农村集体经济财务审计情况

2021 年，农村集体资产财务管理水平不断提升。**一是农村集体经济财务管理持续保持较高水平**。截至 2021 年底，全国有 55.6 万个村实行财务公开，占总村数①的 97.2%；有 55.7 万个村建立村民主理财小组，占总村数的 97.4%；有 34 756 个乡（镇）实行村会计委托代理制，占乡（镇）总数的 95.5%，涉及 51.1 万个村，占总村数的 89.3%；有 46.8 万个村实现会计电算化，占总村数的 81.8%，呈现稳步增长态势。**二是农村集体经济审计工作有序开展**。截至 2021 年底，全国县乡两级共配备专兼职农经审计人员 7.1 万人，持有审计资格证的审计人员为 2.8 万人，占审计人员总数的 39.4%。2021 年全国县乡两级农业农村部门对 41.6 万个单位进行了农村集体经济审计，审计资金总额达到 2.6 万亿元。审计中，共查出违纪单位 2 480 个，占审计单位的 0.60%，涉及违纪资金 1.5 亿元，占审计资金总额的 0.01%，已退赔金额 4 135.8 万元。通过审计，查出贪污案件 43 件，其中万元以上贪污案件 25 件，贪污金额总额 172.9 万元，有 1 089 人受到处分，其中受到刑事责任追究的 50 人。

六、农村产权流转交易市场情况

农村产权流转交易市场建设取得重要进展。**一是全国农村产**

---

① 从 2021 年起，总村数指完成农村集体产权制度改革的村数，下同。

权流转交易市场数量达到 **1 153 个**。截至 2021 年底，已建成省
级农村产权流转交易市场 14 个，地市级 81 个，县级 758 个，乡
镇级 300 个；现有工作人员 15 818 人。**二是农村产权流转交易
市场交易积极开展。**2021 全国各级各类农村产权流转交易市场
完成交易 67.7 万宗，成交额 1 545.9 亿元，分别占市场成立以
来总交易量和总成交额的 2.0% 和 18.7%。**三是农村产权抵押融
资稳步推进。**截至 2021 年底，全国农户承包土地经营权累计融
资贷款面积 663.5 万亩，累计贷款总额 272.5 亿元。其中，2021
年的抵押贷款面积和金额分别是 105.3 万亩和 40.1 亿元。**四是
农村产权流转交易市场的信息化水平明显提升。**截至 2021 年底，
全国已建立农村产权流转交易线上平台 896 个。其中，省级线上
平台 16 个，地市级 75 个，县级 608 个，乡镇级 197 个。

2021 年农村土地承包经营及管理情况

——2021 年农村政策与改革情况统计分析报告之一

根据对全国 31 个省（自治区、直辖市）农村政策与改革统计年报数据汇总分析，2021 年农村土地承包经营及管理情况如下。

一、家庭承包耕地情况

截至 2021 年底，家庭承包经营的耕地面积 15.75 亿亩，较 2020 年的 15.62 亿亩增长 0.83%。家庭承包经营农户 2.2 亿户，签订家庭承包合同 2.16 亿份，颁发土地承包经营权证 2.1 亿份。农村集体机动地面积 7 731.60 万亩，占集体耕地总面积的 4.36%。

二、农村土地承包经营权转让、互换情况

截至 2021 年底，全国农村土地承包经营权转让面积 1 427.40 万亩，土地承包经营权互换面积 1 531.42 万亩。

三、农村土地经营权流转情况

截至 2021 年底，全国家庭承包耕地土地经营权流转总面积 5.57 亿亩。

（一）家庭承包耕地流转面积总体较 2020 年增加

2021 年，全国家庭承包耕地的土地经营权流转面积较 2020 年增长 4.7％。有 23 个省份流转面积较 2020 年有所增加。分省看，增幅超过 10％的省份有 6 个，依次是广东（19.99％）、新疆（14.35％）、云南（13.20％）、山东（11.57％）、湖南（11.46％）、广西（11.89％）。2021 年，全国家庭承包经营耕地土地经营权流转面积占家庭承包经营耕地面积的 35.4％。分地区看，流转占比超过 50％的省份有 6 个，依次是上海（90.00％）、北京（64.25％）、江苏（62.72％）、浙江（59.80％）、黑龙江（56.03％）、广东（53.60％）。

（二）出租（转包）仍是流转的主要方式

以出租（转包）方式流转土地经营权 4.94 亿亩，较 2020 年增长 3.9％，占土地经营权流转总面积的 88.6％。其中，出租给本乡镇以外人口或单位的面积约 6 848.59 万亩，较 2020 年增长 27.2％，占土地经营权流转总面积的 12.3％；以入股方式流转土地经营权 3 018.38 万亩，较 2020 年增加 3.1％，占土地经营权流转总面积的 5.4％；以其他形式流转土地经营权 3 311.84 万亩，较 2020 年增长 18.5％，占土地经营权流转总面积的 5.9％。

四、农村土地承包经营纠纷调处情况

（一）仲裁队伍体系进一步加强

截至 2021 年底，全国共设立农村土地承包仲裁委员会 2 595 个，其中县级仲裁委员会 2 478 个，比 2020 年增长 2.1％。仲裁委员会人员 5.1 万人，其中农民委员 1.3 万人。仲裁委员会依法聘任仲裁员约 5.47 万人，仲裁委员会日常工作机构人数 1.65 万人。

（二）受理纠纷数量连续五年下降

2021 年，共受理农村土地承包经营纠纷 17.81 万件，连续 5 年下降，比 2020 年下降 12.05%。其中，土地承包纠纷 11.12 万件，占比 62.39%；土地流转纠纷 5.7 万件，占比 31.95%；其他类型纠纷 1.01 万件，占比 5.66%。在土地承包纠纷中，家庭承包纠纷 10.4 万件，占比 93.47%；其他方式承包纠纷 7 256 件，占比 6.53%。在家庭承包纠纷中，涉及妇女承包权益的 8 079 件，占比 7.74%。在土地流转纠纷中，农户之间的纠纷 4.07 万件，占比 71.51%；农户与村组集体之间的纠纷 7 660 件，占比 13.46%；农户与其他主体之间的纠纷 8 557 件，占比 15.03%。

（三）各类纠纷主要通过调解解决

2021 年，共调处纠纷 16.59 万件，调处率 93.08%，较 2020 年提高 3.76 个百分点。其中，通过调解解决纠纷 15.51 万件，占比 93.50%，比 2020 年减少 0.73 个百分点；通过仲裁裁决纠纷 1.08 万件，占比 6.50%，比 2020 年上升 0.73 个百分点。在调解纠纷中，由村民委员会调解 9.56 万件，占比 61.62%；由乡镇人民政府调解 5.95 万件，占比 38.38%。在仲裁纠纷处理中，通过和解或调解方式解决 8 764 件，占比 81.34%；通过仲裁裁决 2 011 件，占比 18.66%。

2021 年村集体经济组织收支情况

——2021 年农村政策与改革情况统计分析报告之二

根据对全国 31 个省（自治区、直辖市）农村政策与改革统计年报数据汇总分析，2021 年村集体经济组织收支情况如下。

一、村集体收入保持平稳增长，村均收入超过 120 万元

2021 年，全国村集体经济组织总收入 6 684.9 亿元，村均 122.2 万元，比 2020 年增长 5.8%。从收入来源看，经营收入 2 409.3 亿元，占总收入的 36.0%，村均 44.0 万元，仍居各项收入之首，占比同比上升 5.4 个百分点；各级财政补助收入 1 614.7 亿元，占总收入的 24.2%，村均 29.5 万元；发包及上交收入 861.1 亿元，占总收入的 12.9%，村均 15.7 万元；投资收益 294.2 亿元，占总收入的 4.4%，村均 5.4 万元；其他收入 1 505.6 亿元，占总收入的 22.5%，村均 27.5 万元。从区域分布看，东、中、西部地区村集体经济组织总收入分别为 4 384.8 亿元、1 440.4 亿元、859.7 亿元，村均分别为 192.2 万元、81.6 万元、60.4 万元。从各地获得财政补助收入情况看，东、中、西部地区获得补助收入分别为 774.8 亿元、614.7 亿元、225.2 亿元，村均分别为 34.0 万元、34.8 万元、15.9 万元。

二、村集体支出稳定增长，东、中、西部差异明显

2021 年，全国村集体经济组织总支出 4 458.8 亿元，村均 81.5 万元，比 2020 年增长 6.6%。从支出用途看，经营支出 993.1 亿元，村均 18.2 万元，与 2020 年相比有所上升，占总支出的 22.3%；管理费用 1 368.9 亿元，村均 25.0 万元，比 2020 年下降 0.7%，占总支出的 30.7%；其他支出 2 096.9 亿元，村均 38.3 万元，比 2020 年增长 5.7%，占总支出的 47.0%。从管理费用构成看，干部报酬 426.6 亿元，村均 7.8 万元，比 2020 年下降 5.5%；订阅报刊费 14.5 亿元，村均 0.3 万元。从区域分布看，东、中、西部地区总支出分别为 2 712.6 亿元、1 176.5 亿元、569.7 亿元，村均分别为 118.9 万元、66.7 万元、40.0 万元。

三、经营收益 5 万元以上的村占比接近六成

截至 2021 年底，村集体经济组织本年实现和上年结转的可分配收益总额为 3 837.7 亿元，村均 70.1 万元，比 2020 年增长 9.8%。其中，本年收益 2 226.1 亿元，村均 40.7 万元，比 2020 年增长 4.1%。纳入统计的 54.7 万个村中，当年无经营收益的村有 11.5 万个，比 2020 年减少 0.6 万个，占总村数的 21.1%，占比较 2020 年下降 1.4 个百分点；经营收益 5 万元以上的村 32.4 万个，比 2020 年增长 10.1%，占总村数的 59.2%，占比较 2020 年提高 4.7 个百分点。

四、村级公益设施和公共服务投入近 1 100 亿元

2021 年，村集体经济组织利用自有资金进行扩大再生产和公共服务方面的投入总额为 1 251.1 亿元，村均 22.9 万元。其中，扩大再生产支出 165.5 亿元，村均 3.0 万元，比 2020 年减少 31.6％；村级公益性基础设施建设投入资金 798.1 亿元，村均 14.6 万元，比 2020 年减少 15.5％；公共服务支出 287.5 亿元，村均 5.3 万元，比 2020 年增长 12.4％。统计显示，各级财政扶持的村级公益性基础设施建设资金 506.4 亿元，比 2020 年减少 16.3％，其中一事一议财政奖补资金 72.3 亿元，比 2020 年减少 20.9％。

2021 年农村集体经济组织资产情况

——2021 年政策与改革情况统计分析报告之三

通过对全国 31 个省（自治区、直辖市）农村政策与改革统计年报数据的汇总分析，2021 年全国农村集体经济组织资产负债情况如下。

一、资产总量持续增加，资产结构保持稳定，区域间差异依然明显

截至 2021 年底，全国农村集体经济组织（包括乡村组三级）的资产总额（不包括土地等资源性资产）8.22 万亿元，比 2020 年增加 0.51 万亿元，增幅 6.7%。分资产类型看，固定资产 4.01 万亿元，同比增长 0.32 万亿元，增幅 8.7%，占资产总额的 48.8%；流动资产 3.47 万亿元，同比增加 0.16 万亿元，增幅 4.9%，占比 42.2%；长期资产 0.45 万亿元，较 2020 年增加 8.1%，占比 5.5%；农业资产（主要是林木资产）和其他资产分别减少到 0.16 万亿元和 0.13 万亿元，占比也进一步下降至 1.9% 和 1.6%。分地区看，资产总额超过 5 000 亿元的省份共有 6 个，均位于东部地区，分别是北京（9 914.4 亿元）、广东（9 436.5 亿元）、浙江（8 205.8 亿元）、山东（7 361.3 亿元）、上海（5 793.3 亿元）和江苏（5 171.6 亿元）；除云南（2 426.4

亿元）、四川（2 398.6 亿元）和陕西（2 128.1 亿元）以外，其他西部省份的农村集体资产规模大多不超过 1 000 亿元。

二、农村集体资产主要集中在村级，村均资产超过 1 100 万元

截至 2021 年底，全国村集体资产总额 6.43 万亿元，较 2020 年增加 0.45 万亿元，占乡村组三级集体资产总额的 78.2%，较 2020 年提高 0.6 个百分点，村均资产 1 132.6 万元。村集体债务总额（包括征地补偿款等暂收款项和应付福利费等计提款项）2.36 万亿元，村均负债 416.4 万元，资产负债率 36.8%，较 2020 年降低 1.3 个百分点。此外，纳入资产清查的乡镇数 4 372 个，乡镇级集体资产总额为 0.83 万亿元，占比 10.1%，乡均 1.9 亿元。纳入资产清查的组级数 218.2 万个，组级集体资产总额 0.96 万亿元，占比 11.7%，组均 44.1 万元。

三、负债总额有所下降，资产负债率保持稳定，净资产稳定增长

截至 2021 年底，全国农村集体经济组织负债总额达到 3.20 万亿元，较 2020 年增加 0.14 万亿元，同比增长 4.6%。从负债构成看，流动负债 2.33 万亿元，增长 3.0%，占比 73.0%，其中应付款项 2.17 万亿元（同比增加 4.0%）、短期借款 0.13 万亿元（同比减少 10.6%）；长期负债 0.86 万亿元，较 2020 年增长 9.0%，占负债总额的 27.0%，其中专项应付款、长期借款及应付款共计 0.84 万亿元（同比增长 9.0%），一事一议资金 194.41

亿元（同比增长 8.1%）。从资产负债率看，北京（71.6%）、上海（69.6%）、天津（56.0%）3 个直辖市的农村集体资产负债率超过 50%，其他省份大多在 40% 以下。从所有者权益看，全国乡村组三级集体经济组织净资产 5.03 万亿元，比 2020 年增加 0.38 万亿元，增幅 8.1%。其中，公积公益金 3.84 万亿元，同比增长 8.9%，占比 76.5%；资本 0.91 万亿元，增幅 7.1%，占比 18.1%；未分配收益 0.27 万亿元，较 2020 年下降 0.4%，占比 5.4%。

2021年农村集体产权制度改革情况

——2021年农村政策与改革情况统计分析报告之四

根据对全国 31 个省（自治区、直辖市）农村政策与改革统计年报数据汇总分析，2021 年农村集体产权制度改革情况如下。

一、完成集体产权制度改革的村约 57 万个

截至 2021 年底，全国以村为单位完成集体产权制度改革的村 57.0 万个，比 2020 年增长 7.8%；以组为单位完成集体产权制度改革的村民小组 39.5 万个。分地区看，东部地区完成集体产权制度改革的村占比最大。截至 2021 年底，东、中、西部地区分别有 24.2 万个、17.8 万个、15.0 万个村完成集体产权制度改革。其中，山东、河北、河南 3 省完成集体产权制度改革的村数均超过 4 万个，合计占全国完成村数的 32.3%。东、中、西部地区完成集体产权制度改革的组分别为 24.5 万、2.7 万和 12.3 万个。其中，广东、云南、山西 3 省完成集体产权制度改革的组数超过 2 万个，占全国完成组数的 81.0%。

二、村级改革时点量化资产总额 2.7 万亿元，东部地区村均量化额明显高于中、西部

截至 2021 年底，已完成集体产权制度改革的村量化资产总

额为 2.7 万亿元，比 2020 年增长 8.2%，村均 473.2 万元；完成集体产权制度改革的组量化资产总额为 3 974.7 亿元，组均 99.5 万元。分地区看，东、中、西部地区完成集体产权制度改革的村量化资产总额分别为 1.6 万亿元、6 730.8 亿元、4 282.4 亿元，村均量化资产总额分别为 659.8 万元、377.9 万元、284.3 万元。

三、确认村集体经济组织成员约 9 亿人，当年超过 10%的村向成员分红

截至 2021 年底，村级确认集体经济组织成员 9.2 亿人，比 2020 年增长 14.8%。2021 年完成集体产权制度改革的村当年分红 498.9 亿元。2021 年向成员分红的村 6.3 万个，占完成集体产权制度改革村数的 11.0%。分地区看，东部地区向成员分红的村占比最大。截至 2021 年底，东、中、西部地区分别有 4.1 万个、0.7 万个、1.5 万个村向成员分红，分别占各地区完成集体产权制度改革村数的 16.7%、4.1%和 10.1%，分别占全国向成员分红村数的 64.3%、11.6%和 24.1%。

2021年农村集体财务管理情况

——2021年政策与改革情况统计分析报告之五

根据对全国31个省（自治区、直辖市）农村政策与改革统计年报数据汇总分析，2021年农村集体经济财务管理情况如下。

一、农村集体经济财务管理持续保持较高水平

截至2021年底，全国有55.6万个村实行财务公开，占总村数的97.2%。从民主理财情况看，有55.7万个村建立村民主理财小组，占总村数的97.4%。有34 756个乡镇实行村会计委托代理制，占乡镇总数的95.5%，较2020年增长0.8%，涉及51.1万个村，占总村数的89.3%。有46.8万个村实现会计电算化，占总村数的81.8%，较2020年增长4.1%，近五年呈现稳步增长趋势。

二、农村集体经济审计工作有序开展

截至2021年底，全国县乡两级共配备专兼职农经审计人员7.1万人，持有审计资格证的审计人员为2.8万人，占审计人员总数的39.4%。2021年全国县乡两级农业农村部门对41.6万个单位开展农村集体经济审计，审计资金总额达到2.6万亿元，较2020年减少37.8%。审计中，共查出违纪单位2 480个，占审

计单位的 0.60%，涉及违纪资金 1.5 亿元，占审计资金总额的 0.01%，已退赔金额 4 135.8 万元。通过审计，查出贪污案件 43 件，其中万元以上贪污案件 25 件，贪污总金额 172.9 万元，有 1 089 人受到处分，其中受到刑事责任追究的 50 人。

2021 年农村产权流转交易市场情况

——2021 年农村政策与改革情况统计分析报告之六

通过对全国 30 个省（自治区、直辖市）农村政策与改革统计年报数据的汇总分析，2021 年农村产权流转交易市场情况报告如下。

一、农村产权流转交易市场建设情况

截至 2021 年底，全国已建成农村产权流转交易市场 1 153 个，其中省级 14 个、地市级 81 个、县级 758 个、乡镇级 300 个。现有工作人员 15 818 人，其中专职工作人员 7 610 人，占总人数的 48.1%。农村产权流转市场数量超过 100 个的省份有河北（170 个）、浙江（164 个）、湖北（127 个）、广西（107 个）。2021 年农村产权流转交易市场经营收入超过 1 亿元的省份有江苏（8.13 亿元）、安徽（6.68 亿元）、湖北（3.34 亿元）、四川（1.12 亿元）。

二、农村产权流转交易市场流转交易情况

截至 2021 年底，全国累计完成农村产权流转交易 3 359.2 万宗，总成交额 8 287.4 亿元，其中通过线上平台交易 51.2 万宗，交易金额 2 684.2 亿元。2021 年，全国农村产权流转交易市

场完成交易 67.7 万宗，成交额 1 545.9 亿元，分别占市场成立以来的 2.0％和 18.7％。2021 年全国通过农村产权流转交易市场流转农户承包土地经营权 1 240.6 万亩，流转"四荒"使用权 333.7 万亩。

三、农村产权流转交易市场开展融资情况

截至 2021 年底，全国农户承包土地经营权融资贷款面积累计 663.5 万亩，累计贷款金额 272.5 亿元。其中，2021 年的抵押贷款面积和金额分别是 105.3 万亩和 40.1 亿元，占比 15.9％和 14.7％。江苏农户承包土地经营权融资贷款累计面积已达 239.8 万亩，居全国首位。从 2021 年度农户承包土地经营权融资贷款金额看，山东达到 12.0 亿元，居全国首位。

四、农村产权流转交易市场开展信息化情况

截至 2021 年底，全国已建立农村产权流转交易线上平台 896 个。省级线上平台 16 个，其中 6 个配有农村产权流转交易手机 App；地市级线上平台 75 个，8 个配有手机 App；县级、乡镇级线上平台分别为 608 个和 197 个，能够利用手机 App 在线上完成交易的数量分别为 34 个和 35 个。

附录

主要指标解释

（一）农村经济基本情况统计表

1. 汇总乡镇数： 指按本统计调查制度要求，填报农村集体经济收益分配统计报表的乡镇、街道办事处或其他乡镇级单位个数。乡镇级单位是指经省（自治区、直辖市）人民政府批准设立在农村的乡镇一级行政区划单位。除县城关镇、城市街道办事处和工矿区以外的所有乡镇都应纳入统计范围，有农村经济的县城关镇、街道办事处也应纳入。大中城市以农业为主的郊区也应按建制纳入统计范围。

2. 汇总村数： 指有关经济情况汇入到农村集体经济收益分配统计表中的行政村数，其统计口径与原来汇总村民委员会数相同。所有成立村民委员会的村或由村民委员会改为居民委员会（社区委员会）的村，只要还存在农业经济、存在纳入农村集体资产管理范围的集体资产，都应纳入统计范围。

3. 汇总村民小组数： 指汇总的行政村所属的村民小组个数。

4. 汇总农户数： 指在汇总村中与村集体有明确权利、义务关系的，户口在农村的常住户数。不包括在乡村地区内国家所有的机关、团体、学校、企业、事业单位的集体户。

5. 汇总人口数： 指汇总农户中户口在农村的常住人口数。

6. 汇总劳动力数：指汇总的整劳动力数和半劳动力数之和。整劳动力指男子 18～50 周岁，女子 18～45 周岁；半劳动力指男子 16～17 周岁和 51～60 周岁，女子 16～17 周岁和 46～55 周岁，同时具有劳动能力的人。虽然在劳动年龄之内，但已丧失劳动能力的人，不应算为劳动力；超过劳动年龄，但能经常参加劳动，计入半劳动力数内。

7. 从事家庭经营劳动力数：指年内 6 个月以上的时间在本乡镇内从事家庭经营的劳动力数。包括从事农业和非农产业经营的劳动力数。家庭经营指以农户家庭为基本经营单位，完全或主要依靠家庭成员自己的劳动，凭借自有或与他人合有以及承包集体的生产资料（主要是土地等）直接组织生产和经营，包括农户自营、承包经营、个体工商户和农村私营企业经营，但以农户或个人名义承包集体企业的不属于家庭经营范围。

8. 从事第一产业劳动力数：指在家庭经营中，从事农林牧渔业生产活动的劳动力数量。

9. 外出务工劳动力数：指年度内离开本乡镇到外地从业，全年累计达 3 个月以上的农村劳动力数量。

10. 常年外出务工劳动力数：指在外出劳动力中，全年累计在外劳动时间超过 6 个月的劳动力数量。

11. 乡外县内务工劳动力数：指在常年外出劳动力中，在本乡镇外、所属县内从业的劳动力数量。

12. 县外省内务工劳动力数：指在常年外出劳动力中，在本县外、所属省内从业的劳动力数量。

13. 省外务工劳动力数：指在常年外出劳动力中，在本省外从业的劳动力数量。

14. 集体所有的农用地总面积：指农村集体所有的土地中实际用于农业用途的面积，即农林牧渔用地面积。

15. 耕地面积：指经过开垦用以种植农作物并经常进行耕种的田地。包括种有作物的土地面积、休闲地、新开荒地和抛荒未满 3 年的土地面积。

16. 未承包到户耕地面积：指耕地中未采取家庭承包方式承包到户的面积。

17. 园地面积：指成片种植果树、桑树、茶树的土地。

18. 未承包到户园地面积：指园地中未采取家庭承包方式承包到户的面积。

19. 林地面积：指生长乔木、竹类、灌木、沿海红树林等种植林木的面积。

20. 未承包到户林地面积：指林地中未采取家庭承包方式承包到户的面积。

21. 草地面积：指牧区和农区用于放牧牲畜或割草，植被覆盖度在 5% 以上的草原、草坡、草山等面积。包括天然的和人工种植或改良的草地面积。

22. 未承包到户草地面积：指草地中未采取家庭承包方式承包到户的面积。

23. 养殖水面（坑塘水面）面积：指人工开挖或天然形成的蓄水量小于 10 万立方米的坑塘常水位岸线所围成的水面的面积。

24. 未承包到户养殖水面（坑塘水面）面积：指水面中未采取家庭承包方式承包到户的面积。

25. **农田水利设施用地（沟渠）面积**：指人工修建，南方宽度大于等于1.0米、北方宽度大于等于2.0米，用于引、排、灌的渠道。主要包括渠槽、渠堤、护堤林及小型泵站用地的面积。

26. **其他农用地面积**：指在土地总面积中，除耕地、园地、林地、草地、养殖水面、农田水利设施用地之外的面积，如工厂化作物栽培的生产设施用地及其相应附属用地，农村宅基地以外的养殖畜禽场地、晒谷场等农业设施用地。

27. **经营耕地10亩以下的农户数**：指经营耕地在10亩以下（不含10亩）的农户数。其他农户经营耕地规模的指标以此类推，如经营耕地10～50亩的农户数，包含10亩但不包含50亩。

（二）农村土地承包经营及管理情况统计表

1. **家庭承包经营的耕地面积**：指农村集体经济组织农户以家庭承包方式承包农村集体所有或国家所有由农民集体使用的耕地面积。

2. **家庭承包经营的农户数**：指以家庭承包方式承包农村集体所有或国家所有由农民集体使用的土地的农户数量。

3. **家庭承包合同份数**：指采用家庭承包方式，发包方与承包方签订的土地承包合同份数。

4. **颁发土地承包经营权证份数**：指依据《中华人民共和国农村土地承包法》和《农村土地承包经营权证管理办法》（2003年农业部令33号）的规定，由县级以上地方人民政府印制，并加盖县级以上地方人民政府印章，向承包农户家庭颁发的农村土地承包经营权证书份数。

5. **机动地面积**：指农村集体经济组织以农户家庭承包方式

统一组织承包耕地时，预留的耕地面积。

6. 土地承包经营权转让面积：指承包农户经发包方同意将承包期内部分或全部土地承包经营权让渡给本集体经济组织内第三方，由第三方履行相应土地承包合同的权利和义务的耕地面积。转让后原土地承包关系自行终止，原承包户承包期内的土地承包经营权部分或全部失去。

7. 土地承包经营权互换面积：指承包方之间为各自需要和便于耕种管理，对属于同一集体经济组织的承包地块进行交换，同时交换相应的土地承包经营权。互换双方的面积均统计在内，如：甲以3亩与乙的2亩互换，即统计为5亩。但明确约定不互换土地承包经营权，只交换耕作的，不列入统计。

8. 家庭承包耕地土地经营权流转总面积：指以家庭承包方式承包土地的农户，按照依法、自愿、有偿原则通过出租（转包）、入股等方式，将其家庭承包经营的耕地流转给其他经营者的面积总和。

9. 出租（转包）面积：承包方将部分或全部土地经营权，租赁给他人从事农业生产经营的土地面积。

10. 出租给本乡镇以外人口或单位的面积：指农户家庭承包耕地流转面积中，承包农户将所承包的土地全部或部分租赁给户籍或注册登记不在本乡镇的人口或单位，从事农业生产的耕地面积。

11. 入股面积：承包方将土地经营权作价出资，成为公司、合作经济组织等股东或者成员，并用于农业生产经营的土地面积。

12. 耕地入股合作社的面积：指农户家庭承包耕地流转面积中，承包农户将承包土地经营权量化为股权，入股农民专业合作社的耕地面积。

13. 其他形式流转面积：土地经营权流转中，除采取出租（转包）、入股以外的其他方式流转的耕地面积。

14. 流转入家庭农场的面积：土地经营权流入家庭农场（仅指农业农村部门名录管理家庭农场）的面积。

15. 流转用于种植粮食作物的面积：指流转用于种植谷类、豆类、薯类等粮食作物的耕地面积。

16. 签订耕地流转合同份数：指以家庭承包方式承包耕地的农户流转耕地经营权时，与受让方签订的耕地经营权流转合同份数。

17. 乡镇土地流转服务中心总数：乡镇土地流转服务中心是指经批准成立的在乡镇一级从事农村土地经营权流转服务的机构，包括依法设立的法人组织，也包括政府有关部门设立的非法人内设机构。纳入本表统计的为乡镇土地流转服务中心总数。

18. 仲裁委员会数：指按照《农村土地承包经营纠纷调解仲裁法》设立的农村土地承包仲裁委员会个数。

19. 县级仲裁委员会数：指按照《农村土地承包经营纠纷调解仲裁法》，在县级设立的农村土地承包仲裁委员会个数。

20. 仲裁委员会人员数：指按照《农村土地承包经营纠纷调解仲裁法》设立的仲裁委员会的组成人员数。

农民委员人数：指仲裁委员会组成人员中，农民代表人数。

21. 聘任仲裁员数：指仲裁委员会依法聘任的专门从事农村

土地承包经营纠纷仲裁工作的人员数。

22. 仲裁委员会日常工作机构人数：指依法承担仲裁委员会日常工作的机构的人数。日常工作机构一般由当地农村土地承包管理部门承担，由其他部门承担或单独设立的也应纳入统计范围。

专职人员数：指日常工作机构中专门从事仲裁委员会日常工作的人员数。

23. 受理土地承包及流转纠纷总量：指村民委员会、乡镇人民政府和农村土地承包仲裁委员会受理的农村土地承包经营纠纷数量。

24. 土地承包纠纷数：指因订立、履行、变更、解除和终止农村土地承包合同和因收回、调整承包地以及因确认农村土地承包经营权发生的纠纷数量，包括因土地承包经营权互换、转让产生的纠纷数量。

25. 土地流转纠纷数：指因农村土地承包经营权出租（转包）、入股、其他方式流转等发生的流转纠纷数量。

26. 其他纠纷数：指除土地承包纠纷、土地流转纠纷以外的农村土地承包经营纠纷数量。包括因侵害农村土地承包经营权发生的纠纷和法律、法规规定的其他农村土地承包经营纠纷等。

27. 调处纠纷总数：指村民委员会、乡镇人民政府和农村土地承包仲裁委员会已经调解和仲裁的纠纷数量。

28. 调解纠纷数：指村民委员会、乡镇人民政府调解处理的纠纷数量。

29. 仲裁纠纷数：指农村土地承包仲裁委员会调解和仲裁的纠纷数量。

（三）村集体经济组织收益分配统计表

1. 经营收入：指村集体经济组织进行各项生产、服务等经营活动取得的收入。本指标应根据"经营收入"科目的本年发生额分析填列。

2. 发包及上交收入：指村集体经济组织取得的农户和其他单位上交的承包金及村（组）办企业上交的利润等。本指标应根据"发包及上交收入"科目的本年发生额分析填列。

3. 投资收益：指村集体经济组织对外投资取得的收益。本指标应根据"投资收益"科目的本年发生额分析填列；如为投资损失，以"一"号填列。

4. 补助收入：指村集体经济组织获得的财政等有关部门的补助资金。本指标应根据"补助收入"科目的本年发生额分析填列。

5. 其他收入：指村集体经济组织与经营管理活动无直接关系的各项收入。本指标应根据"其他收入"科目的本年发生额分析填列。

6. 经营支出：指村集体经济组织因销售商品、农产品、对外提供劳务等活动而发生的支出。本指标应根据"经营支出"科目的本年发生额分析填列。

7. 管理费用：指村集体经济组织管理活动发生的各项支出。本指标应根据"管理费用"科目的本年发生额分析填列。

8. 干部报酬：指村集体经济组织年度内用于本村行政管理

干部的补助款。本指标应根据"管理费用"科目有关明细科目的本年发生额分析填列。

9. 报刊费：指村集体经济组织年度内用于订阅报刊杂志发生的费用。此数据由管理费用项相对应的明细科目中查寻填列。

10. 其他支出：指村集体经济组织与经营管理活动无直接关系的各项支出。本指标应根据"其他支出"科目的本年发生额分析填列。

11. 本年收益：指村集体经济组织本年实现的收益总额。如为亏损总额，本项目数字以"—"号填列。

12. 年初未分配收益：指村集体经济组织上年度未分配的收益。本指标应根据上年度收益及收益分配表中的"年末未分配收益"数额填列。如为未弥补的亏损，本项目数字以"—"号填列。

13. 其他转入：指村集体经济组织按规定用公积公益金弥补亏损等转入的数额。

14. 可分配收益：指村集体经济组织年末可分配的收益总额。本指标应根据"本年收益"项目、"年初未分配收益"项目和"其他转入"项目的合计数填列。

15. 各项分配：指村集体经济组织进行的各项收益分配，具体包括下列几项：

（1）提取公积金、公益金：指村集体经济组织当年提取的公积金、公益金。

（2）提取应付福利费：指村集体经济组织当年提取的用于

集体福利、文教、卫生等方面的福利费（不包括兴建集体福利等公益设施支出），包括照顾烈军属、五保户、困难户的支出，计划生育支出，农民因公伤亡的医药费、生活补助及抚恤金等。

（3）外来投资分利：指村集体经济组织向外来投资者的分利。

（4）农户分配：指村集体经济组织向所属成员分配的款项。

（5）其他分配：指除上述分配项目以外的其他分配项目。

16. 年末未分配收益：指村集体经济组织年末累计未分配的收益。本指标应根据"可分配收益"项目扣除各项分配数额的差额填列。如为未弥补的亏损，本项目数字以"—"号填列。

17. 汇入本表村数：指本统计表统计的村数。

18. 当年有经营收益的村：指集体经营收益是指村集体经济组织经营收入、发包及上交收入及投资收益之和，减去经营支出和管理费用后的差额。其计算方法为：经营收入＋发包及上交收入＋投资收益－经营支出－管理费用＝集体经营收益。其计算结果为零或小于零的村，统计为无经营收益的村。其计算结果大于零的村，统计为有经营收益的村，具体划分以下几组：

（1）5万元以下的村：指村集体经济组织当年集体经营收益不足5万元的村。

（2）5万～10万元的村：指村集体经济组织当年集体经营收益在5万元以上，不足10万元的村。包括5万元的村，不包括10万元的村。其他依次类推。

（3）100万元以上的村：指村集体经济组织当年集体经营收益超过100万元的村。

19. 当年扩大再生产支出：指村集体经济组织为扩大生产规模当年发生的支出。包括为扩大生产规模新购建、改扩建固定资产的支出和追加流动资金的支出。不包括为维持原生产规模发生的固定资产更新改造支出。

20. 当年公益性基础设施建设投入：指当年村集体经济组织利用自有资金、一事一议资金和财政资金等兴修村内道路、水利、电力、文化、卫生、体育、教育等公益性设施投入。应从村集体经济组织资产及支出类帐户中分析填列。

21. （当年）获得一事一议奖补资金：指在一事一议筹资筹劳的基础上，中央和地方财政为鼓励村民筹资筹劳建设村级公益事业而给予的奖补资金。

22. 当年村组织支付的公共服务费用：指当年村组织用自有资金支付的公共卫生（如垃圾处理、防疫）、教育、计划生育、优抚、五保户供养、消防、治安、公益设施维护和应对突发公共事件而发生的劳务费用、优抚和供养资金、材料费、运输费等，但不包括村组织的管理费用。

23. 农村集体建设用地出租出让宗数：指本年度发生的农村集体经济组织出租、出让农村集体建设用地使用权的次数。

出租，是指农村集体经济组织将农村集体建设用地使用权以一定期限租赁给使用者使用，并收取租金的行为。

出让，是指农村集体经济组织将农村集体建设用地使用权在一定期限内让与土地使用者，由上地使用者向农村集体经济组织支付土地使用权出让金的行为，包括协议、招标、拍卖、挂牌出让等。

农村集体经济组织将农民集体所有的厂房、店铺等地上建筑设施连同农村集体建设用地使用权一并出租出让时，按农村集体建设用地使用权出租出让统计。

24. 农村集体建设用地出租出让面积：指本年度发生的农村集体经济组织出租、出让农村集体建设用地使用权的土地面积。

农村集体经济组织将农民集体所有的厂房、店铺等地上建筑设施连同农村集体建设用地使用权一并出租出让时，按农村集体建设用地使用权统计出租出让面积。

25. 农村集体建设用地出租出让收入：指本年度农村集体经济组织出租出让农村集体建设用地使用权的成交价总额。出租，以报告期实际收入为准；出让，以签定的合同金额为准。

农村集体经济组织将农民集体所有的厂房、店铺等地上建筑设施连同农村集体建设用地使用权一并出租出让时，一并统计为农村集体建设用地使用权出租出让收入。

（四）农村集体经济组织资产负债情况统计表

1. 流动资产：指组、村、乡镇级集体经济组织（含全资企业）所有的流动资产，包括现金、银行存款、短期投资、应收款项、存货等。

2. 货币资金：指组、村、乡镇级集体经济组织（含全资企业）的库存现金、银行存款等货币资金。本指标应根据"现金""银行存款"科目的年末余额合计填列。

3. 短期投资：指组、村、乡镇级集体经济组织（含全资企业）购入的各种能随时变现并且持有时间不超过一年（含一年）的有价证券等投资。本指标应根据"短期投资"科目的年末余额填列。

4. 应收款项：指组、村、乡镇级集体经济组织（含全资企业）应收而未收回和暂付的各种款项。本指标应根据"应收款"科目年末余额和"内部往来"各明细科目年末借方余额合计数合计填列。

5. 存货：指组、村、乡镇级集体经济组织（含全资企业）年末在库、在途和在加工中的各项存货，包括各种原材料、农用材料、农产品、工业产成品等物资、在产品等。本指标应根据"库存物资""生产（劳务）成本"科目年末余额合计填列。

6. 农业资产：指组、村、乡镇级集体经济组织（含全资企业）的牲畜（禽）资产和林木资产等农业资产。

7. 牲畜（禽）资产：指组、村、乡镇级集体经济组织（含全资企业）购入或培育的幼畜及育肥畜和产役畜的账面余额。本指标应根据"牲畜（禽）资产"科目的年末余额填列。

8. 林木资产：指组、村、乡镇级集体经济组织（含全资企业）购入或营造的林木的账面余额。本指标应根据"林木资产"科目的年末余额填列。

9. 长期投资：指组、村、乡镇级集体经济组织（含全资企业）不准备在一年内（不含一年）变现的股权投资、债权投资，以及对农民专业合作社、家庭农场、企业等的投资。本指标应根据"长期投资"科目的年末余额填列，清查核实长期投资的对象

（项目）、金额、方式、期限、股利（利息）等。

10. 固定资产：指组、村、乡镇级集体经济组织（含全资企业）的房屋、建筑物、机器设备、工具器具和农业基础设施等劳动资料，凡使用年限在一年以上，单位价值在 500 元以上的列为固定资产。有些主要生产工具和设备，单位价值虽低于规定标准，但使用年限在一年以上的，也可列为固定资产。

应注意，统计表中的"固定资产"指标既不是固定资产的原值，也不是固定资产的净值，它是反映所有已购建、在建和清理中固定资产价值的一个综合指标。其计算公式为：固定资产合计＝固定资产净值＋固定资产清理＋在建工程。

11. 固定资产原值：指组、村、乡镇级集体经济组织（含全资企业）各种固定资产的原始价值。本指标应根据"固定资产"科目的年末余额填列。

12. 累计折旧：指组、村、乡镇级集体经济组织（含全资企业）各种固定资产的累计折旧。本指标应根据"累计折旧"科目的年末余额填列。

13. 固定资产净值：指组、村、乡镇级集体经济组织（含全资企业）所有固定资产的实际价值。即固定资产原值减去累计折旧余额后的差额。

14. 经营性固定资产：指组、村、乡镇级集体经济组织（含全资企业）年度结束时仍存在的直接用于经营的各种固定资产，包括房屋、建筑物、机器设备、工具器具及农业基础设施等资产。本指标应根据"固定资产"科目年末余额分析填列。

15. 固定资产清理：指组、村、乡镇级集体经济组织（含全资企业）因出售、报废、毁损等原因转入清理但尚未清理完毕的固定资产的账面净值，以及固定资产清理过程中所发生的清理费用和变价收入等各项金额的差额。本指标应根据"固定资产清理"科目的年末借方余额填列；如为贷方余额，本项目数字应以"—"号表示。

16. 在建工程：指组、村、乡镇级集体经济组织（含全资企业）各项尚未完工或虽已完工但尚未办理竣工决算的工程项目的实际成本。本指标应根据"在建工程"科目的年末余额填列。

17. 其他资产：指组、村、乡镇级集体经济组织（含全资企业）所有的，不属于流动资产、农业资产、长期投资、固定资产的其他资产，如无形资产等。本指标应根据"无形资产"等有关科目的年末余额填列。

18. 无形资产：指组、村、乡镇级集体经济组织（含全资企业）所有的没有实物形态的可辨认的非货币性资产，包括各项专利权、商标权、非专利技术等纳入账内核算的无形资产。清查核实各种无形资产名称、取得时间、取得方式、使用年限、使用情况、原始价值、摊余价值等。

19. 流动负债：指组、村、乡镇级集体经济组织（含全资企业）偿还期在一年以内（含一年）的债务，包括短期借款、应付款项、应付工资、应付福利费等。

20. 短期借款：指组、村、乡镇级集体经济组织（含全资企业）借入尚未归还的一年期以下（含一年）的借款。本指标应根据"短期借款"科目的年末余额填列。

21. 应付款项：指组、村、乡镇级集体经济组织（含全资企业）应付而未付及暂收的各种款项。本指标应根据"应付款"科目年末余额和"内部往来"各明细科目年末贷方余额合计数合计填列。

22. 应付工资：指组、村、乡镇级集体经济组织（含全资企业）已提取但尚未支付的职工工资。本指标应根据"应付工资"科目年末余额填列。

23. 应付福利费：指组、村、乡镇级集体经济组织（含全资企业）已提取但尚未使用的福利费金额。本指标应根据"应付福利费"科目年末贷方余额填列；如为借方余额，本项目数字应以"一"号表示。

24. 长期负债：指组、村、乡镇级集体经济组织（含全资企业）偿还期超过一年以上（不含一年）的债务，包括长期借款及应付款、一事一议资金等。

25. 长期借款及应付款：指组、村、乡镇级集体经济组织（含全资企业）借入尚未归还的一年期以上（不含一年）的借款以及偿还期在一年以上（不含一年）的应付未付款项。本指标应根据"长期借款及应付款"科目年末余额填列。

26. 一事一议资金：指组、村、乡镇级集体经济组织（含全资企业）应当用于一事一议专项工程建设的资金数额。本指标应根据"一事一议资金"科目年末贷方余额填列；如为借方余额，本项目数字应以"一"号表示。

27. 专项应付款：指组、村、乡镇级集体经济组织（含全资企业）收到的征地补偿费、国家财政专项补助等资金。根据专项应付款明细账，清查核实专项应付款拨款单位、拨入金额、拨入时间、使用金额、具体用途等。

28. 所有者权益：指投资者对组、村、乡镇级集体经济组织（含全资企业）净资产的所有权，包括资本、公积公益金、未分配收益等。

29. 资本：指组、村、乡镇级集体经济组织（含全资企业）实际收到投入的资本总额。本指标应根据"资本"科目的年末余额填列。

30. 公积公益金：指组、村、乡镇级集体经济组织（含全资企业）公积公益金的年末余额。本指标应根据"公积公益金"科目的年末贷方余额填列。

31. 未分配收益：指组、村、乡镇级集体经济组织（含全资企业）尚未分配的收益。本指标应根据"本年收益"科目和"收益分配"科目的余额计算填列；未弥补的亏损，在本项目内数字以"—"号表示。

32. 经营性资产总额：指组、村、乡镇级集体经济组织（含全资企业）年度结束时仍存在的直接用于经营的房屋、建筑物、机器设备、工具器具和农业基础设施等资产，集体经济组织投资兴办的企业及其所持有的其他经济组织的资产份额，以及集体经济组织拥有的无形资产等。本指标应根据"货币资金""短期投资""应收款""存货""牲畜（禽）资产""林木资产""长期投资""固定资产""无形资产"等科目年末余额分析填列。

33. 待界定资产：指由于特殊原因产权尚未界定的集体

资产。

34. 经营性负债：指组、村、乡镇级集体经济组织（含全资企业）用于生产经营活动而发生的负债余额。此数据应从相关负债类明细科目借贷双向发生额及历史记录分析计算填列。

35. 兴办公益事业负债：指由于组、村、乡镇级集体经济组织（含全资企业）为兴办文化、教育、体育、卫生等公益事业和公共设施而发生的负债余额。如兴办教育、修建道路、自来水设施、环境治理等而发生的负债至统计截止日止尚未归还的负债。此数据应从相关负债类明细科目借贷双向发生额及历史记录分析计算填列。

（五）农村集体产权制度改革情况统计表

1. 完成集体产权制度改革单位数：指组、村、乡镇级集体经济组织按照中央农村集体产权制度改革的要求，完成农村集体经济组织成员身份确认、清产核资，将集体资产以股份或份额形式量化到成员，合理设置和管理股权，建立农村集体经济组织，建全股东（成员）大会、理事会、监事会等管理决策机制、收益分配机制，完成股份合作制改革，并在农业农村部门办理登记注册，获得农村集体经济组织登记证的个数。不包括完成农村土地承包经营权确权登记颁证、林权制度改革的情况，以及村办企业实行股份制、股份合作制改革的情况。

2. 改革时点量化资产总额：指完成产权制度改革的组、村、乡镇级集体经济组织，在产权制度改革时点量化集体资产的金额。

3. 量化经营性资产总额：指完成产权制度改革的组、村、乡镇级集体经济组织，在产权制度改革时点量化集体经营性资产的金额。

4. 确认成员数：指完成产权制度改革的组、村、乡镇级集体经济组织成员的个数。

5. 本年分红总额：指完成产权制度改革的组、村、乡镇级集体经济组织，本年股东分红金额。

6. 成员分红金额：指完成产权制度改革的组、村、乡镇级集体经济组织，成员股东分红金额。

7. 集体分红金额：指完成产权制度改革的组、村、乡镇级集体经济组织，集体股东分红金额。

8. 累计分红总额：指完成产权制度改革的组、村、乡镇级集体经济组织，历年累计股东分红金额。

9. 年末资产总额：指完成产权制度改革的组、村、乡镇级集体经济组织，统一经营管理的流动资产、农业资产、长期资产等集体资产总额。本指标应根据有关科目的年末余额合计填列。

10. 经营性资产总额：指完成产权制度改革的组、村、乡镇级集体经济组织，统一经营管理的经营性资产总额。本指标应根据有关科目的年末余额分析填列。

11. 上缴税费总额：指完成产权制度改革的组、村、乡镇级集体经济组织，本年实际缴纳的契税、印花税、企业所得税、增值税以及代扣代缴的个人所得税等各种税费总额。

12. 代缴红利税总额：指完成产权制度改革的组、村、乡镇级集体经济组织，本年实际代扣的股东分红应纳个人所得税总额。

（六）农村集体经济财务会计管理和审计情况统计表

1. 实行财务公开村数：指按照《村集体经济组织财务公开暂行规定》的要求，依照乡镇会计委托代理机构审核的相关内容，以规定格式在每季度或月度规定时限内向所辖村群众公布本村财务活动情况及有关数据的村数。

2. 建立村民主理财小组的村数：指按照相关政策规定的要求，成立由村民大会或村民代表大会选举产生的以群众代表为主的民主理财小组，监督本集体经济组织日常财务收支活动的村数。

3. 实行村会计委托代理制的乡镇数：指在农民自愿且保证集体资产所有权、使用权、审批权和收益权不变的前提下，经履行民主程序后，与乡镇相关机构签订会计委托代理书面协议，将本集体会计工作交由代理机构负责处理，各村不再设会计或出纳，只配备兼职或专职报账员的乡镇数。

4. 实行会计电算化的村数：指具备使用财务专用软件，能够在计算机上完整处理本村日常财务收支业务，按照规范化管理要求，完成日常账务处理及票据、凭证等归档管理的村数。

5. 已审计单位数：指审计机构已审计并作出结论，且在规定的时间内未申请复审的独立核算单位。如果一份审计报告包括多个被审单位，应按被审单位如数填列。定期审计的单位，无论周期长短，年内均按一个单位统计。复审单位只在终审时，按一个单位初审机构统计。

6. 违纪单位个数：指已审单位中有违纪问题的单位个数。

7. 审计资金总额：是指审计单位拥有资金的总额。

8. 违纪金额：指在审计结论中确定的各项违反财经纪律的金额。如复审按终审结论填列，只能统计一次，但复审后多出部分应包括在内。

9. 贪污案件数：指在一次审计中查出个人或集体贪污公共财物的案件数量。

10. 万元以上贪污案件数：指在一次审计中查出个人或集体贪污公共财物在万元以上的案件数量。

11. 贪污总金额：指在审计结论中确定的个人或集体贪污公共财物金额的总和。如复审按终审结论填列，只能统计一次，但复审后多出部分应包括在内。

12. 受处分人数：指对违反财经法规的责任人员给予党纪、政纪处分或移交司法机关追究刑事责任的人数。

13. 受刑事处理人数：指对触犯刑法并通过司法程序追究刑事责任的人数。

14. 成立审计机构的县数：指经县政府或机构编制部门正式批准设立审计机构的县数。

15. 审计人员数：指无论是否成立了审计机构，凡是县乡两级从事农经审计工作的人数，包括专职和兼职审计人员都应统计在内。

（七）农村产权流转交易市场情况试统计表

1. 农村产权流转交易市场数量：农村产权流转交易市场是指为各类农村产权依法流转交易提供服务的平台，是经当地政府批准依法设立的法人组织。纳入本表统计的为省级、地市级、县级、乡镇级具有法人资格的农村产权流转交易市场数量。

2. 当年经营总收入：指农村产权流转交易市场当年从事经营业务及其他相关业务所取得的收入。若农村产权流转交易市场下设拥有独立法人执照的分支机构，经营总收入只统计一次，不得重复统计，具体统计方式由各地定。本统计表统计流转交易数量、流转交易金额等指标的统计方式同上。

3. 财政补助收入：指农村产权流转交易市场当年经营总收入中属于财政补助的收入。

4. 当年利润总额：指农村产权流转交易市场的当年经营总收入扣除各类支出之后的净收入。

5. 工作人员数量：指农村产权流转交易市场的工作人员总数。

6. 专职工作人员数量：指专门任职或专门从事农村产权流转交易工作的工作人员数量。

7. 当年流转交易数量：指当年在农村产权流转交易市场进行流转交易的各类项目的宗数，一份流转交易合同为一宗。其中，农户承包土地经营权、"四荒"使用权的每宗流转交易合同中包含具体的面积，本表统计单位为亩。

8. 农户承包土地经营权流转交易：以家庭承包方式承包的耕地、草地、养殖水面等经营权，可以采取出租、入股等方式流转交易，流转期限由流转双方在法律规定范围内协商确定。

9. "四荒"使用权：指农村集体所有的荒山、荒沟、荒丘、荒滩使用权。

10. 农村集体经营性资产：指农村集体统一经营管理的经营

性资产（不含土地）的所有权或使用权，可以采取承包、租赁、出让、入股、合资、合作等方式流转交易。

11. 线上平台流转交易数量：指流转交易数量中属于线上平台交易的各类项目的宗数。

12. 累计流转交易数量：指农村产权流转交易市场成立以来进行流转交易的各类项目的累计交易宗数，一份流转交易合同为一宗。其中，农户承包土地经营权、"四荒"使用权的每宗流转交易合同中包含具体的面积，本表统计单位为亩。

13. 当年流转交易金额：指当年在农村产权流转交易市场进行流转交易的各类项目的交易金额。

14. 累计流转交易金额：指农村产权流转交易市场成立以来进行流转交易的各类项目的累计交易金额。

15. 当年农村产权融资贷款总额：指当年通过农村产权流转交易市场开展融资的贷款总额。

16. 累计农村产权融资贷款总额：指农村产权流转交易市场成立以来开展融资贷款累计总额。

17. 当年农户承包土地经营权融资贷款总额：指当年通过农村产权流转交易市场开展的农户承包土地经营权融资贷款总额。

18. 累计农户承包土地经营权融资贷款总额：指农村产权流转交易市场成立以来开展农户承包土地经营权融资贷款累计总额。

19. 当年农户承包土地经营权融资贷款面积：指当年通过农村产权流转交易市场开展的农户承包土地经营权融资贷款面积。

20. 累计农户承包土地经营权融资贷款面积：指农村产权流

转交易市场成立以来开展农户承包土地经营权融资贷款累计面积。

21. 建立农村产权流转交易线上平台数量：指所建立的农村产权流转交易线上平台数量。

22. 配有手机 App 数量：指线上平台中同时配有手机 App 的数量。

图书在版编目（CIP）数据

中国农村政策与改革统计年报. 2021年 / 农业农村部政策与改革司编. —北京：中国农业出版社，2022.11
　　ISBN 978-7-109-30197-9

Ⅰ.①中… Ⅱ.①农… Ⅲ.①农业统计－统计资料－中国－2021－年报 Ⅳ.①F322-66

中国版本图书馆 CIP 数据核字（2022）第 208982 号

中国农业出版社出版

地址：北京市朝阳区麦子店街 18 号楼
邮编：100125
责任编辑：卫晋津
版式设计：杜　然　责任校对：吴丽婷
印刷：中农印务有限公司
版次：2022 年 11 月第 1 版
印次：2022 年 11 月北京第 1 次印刷
发行：新华书店北京发行所
开本：880mm×1230mm　1/32
印张：5.75
字数：125 千字
定价：40.00 元
